《民国司法档案卷内目录选编——大邑县人民法院藏·民事部分》编辑委员会

·大邑县人民法院　司法文化系列丛书·

民国司法档案卷内目录选编

大邑县人民法院藏·民事部分

四川省大邑县人民法院／编

四川大学出版社
SICHUAN UNIVERSITY PRESS

项目策划：王　冰
责任编辑：王　冰
责任校对：陈　蓉
封面设计：阿　林
责任印制：王　炜

图书在版编目（CIP）数据

民国司法档案卷内目录选编 : 大邑县人民法院藏. 民事部分 / 四川省大邑县人民法院编. — 成都 : 四川大学出版社, 2021.6

ISBN 978-7-5690-4778-3

Ⅰ. ①民… Ⅱ. ①四… Ⅲ. ①民事诉讼－司法档案－汇编－大邑县－民国 Ⅳ. ①D929.6

中国版本图书馆 CIP 数据核字（2021）第 119379 号

书名　民国司法档案卷内目录选编——大邑县人民法院藏·民事部分
MINGUO SIFA DANG'AN JUANNEI MULU XUANBIAN
——DAYI XIAN RENMIN FAYUAN CANG · MINSHI BUFEN

编　　者	四川省大邑县人民法院
出　　版	四川大学出版社
地　　址	成都市一环路南一段 24 号（610065）
发　　行	四川大学出版社
书　　号	ISBN 978-7-5690-4778-3
印前制作	四川胜翔数码印务设计有限公司
印　　刷	成都金龙印务有限责任公司
成品尺寸	210mm×285mm
插　　页	2
印　　张	11
字　　数	312 千字
版　　次	2021 年 11 月第 1 版
印　　次	2021 年 11 月第 1 次印刷
定　　价	68.00 元

◆ 读者邮购本书，请与本社发行科联系。
电话：(028)85408408/(028)85401670/
(028)86408023　邮政编码：610065
◆ 本社图书如有印装质量问题，请寄回出版社调换。
◆ 网址：http://press.scu.edu.cn

四川大学出版社
微信公众号

四川大邑：鉴往知来　为民司法

《民国司法档案卷内目录选编——大邑县人民法院藏·民事部分》代序

余　涛

基层司法档案是司法活动和司法实践的真实记录，是法院审判工作和司法行政工作的历史记录，为认识和研究司法实践规律提供了最为真实、直观、生动的实物见证。可以说，司法档案既是“文化记忆”，亦是“文化传承”。大邑，地处川西，因“其邑广大，遂以为名”，儒、释、道文化聚集于此，孕育出以和为贵、礼让终益的传统司法文化。

2017年始，大邑县人民法院对其库藏的民国司法档案进行整理编研，旨在从县域视角对民国后期司法诉讼活动进行定点观测，研究不同历史时期群众诉求，兼容并蓄，践行“从群众中来，到群众中去”的为民司法理念。经过三年的不懈努力，近期点校编纂“司法文化系列丛书”之《民国司法档案卷内目录选编——大邑县人民法院藏·民事部分》即将出版，时值中国共产党建党100周年，恰逢《中华人民共和国民法典》诞生，《中华人民共和国档案法》第三次修订施行，何等难得、荣幸！有感于此项工作，分享如下几点思考。

一份责任。对纸质司法档案的保管与利用、保护与传承承载着大邑县人民法院对一段历史的梳理和尊重。

2015年11月30日，最高人民法院办公厅下发法办〔2015〕61号文件《关于推进人民法院档案数字化工作的通知》，通知要求“在开展新生档案数字化的同时，各级人民法院应当加大力度推进库藏档案数字化工作”。2016年5月，大邑县人民法院在开展库藏档案数字化工作中，发现一批民国司法档案。因其年代久远以及保护措施有限，这批民国司法档案已出现虫蛀、龟裂、霉烂等情况。大邑县人民法院从保管与保护、传承与利用的角度出发，决定对这批档案进行抢救性保护，在尽可能保持司法档案原貌的基础上完成对司法档案全面、有效的抢救与保护工作。2018年5月，大邑县人民法院与四川大学法学院签订《大邑县人民法院民国司法档案整理、研究和纪录片拍摄项目委托协议书》，为一份份受损司法档案“把脉”“治病”，并对这批司法档案进行数字化信息采集，呈现历史原貌，让其沉疴宿疾得以治愈。

囿于经费和能力，这批经局部修复的民国后期司法档案仍库藏在大邑县人民法院的档案室，我们选取了极少量修复后的司法档案复制品展陈在大邑县人民法院的司法文化陈列室。

一种探索。对民国后期地方司法诉讼裁判的研究，可客观呈现特定历史时期社会生活、社会观念、法律观念的嬗变。

大邑县人民法院库藏民国司法档案以诉讼文书为主，在数量上有15000余页之多，兼有民刑，在程序上涉及一、二审及其他诉讼程序，在管辖上不仅有大邑地区案件，还涉及新津、云南等地，记录了四川大邑民国时期的司法诉讼活动。这批司法档案资料卷帙虽未及汗牛充栋，但在内容上集中反映了民国中后期基层审判的各种面相，是研究民国地方司法及其转变、民众日常生活与观念、区域发展与变迁等多个课题的史料，对全面检视民国法制的得失教训、民国中后期川康滇区域社会的互动乃至行政区划的变更，有独特的参考价值。

大邑县人民法院与四川大学法学院历时3年多，对这一批司法档案目录（民事部分）进行选编出版。这些学术资料是研究法制史、社会史，尤其是大邑地方司法诉讼活动的实践资料，其中展现的法律制度、司法实践和当时的社会生活情况，以及社会观念、法律观念，是其他材料所不能替代的，这也是从司法档案历史资料中寻找司法规律的一次尝试与探索。

一份期待。选编民国后期司法档案目录（民事）部分出版，目的是观察司法文化从一定历史时期到新时代的变迁。

民国后期司法档案反映了依礼而治的大邑乡土社会中乡土法律文化的原貌，乡土法律文化中的思想观念和习俗等在这批司法档案中也均有体现，可从中观察大邑从乡土中国到法治中国大背景下的变迁。据记载，1840年以前大邑未设独立审判机构，审判事务由县行政机构兼为处理。近代，受西方法律思想及法律文化影响，大邑地方司法有了新发展，先后有县知事兼理司法、县司法处成立、县政府法制室设立。

新中国成立后，1950年1月大邑县人民政府设司法科、11月大邑县人民法庭成立，1951年1月司法科撤销、大邑县人民法院成立，1954年大邑县人民法院内设审判委员会，1973年刑事、民事审判庭成立。改革开放以后，1981年大邑县人民法院经济审判庭成立，1985年执行庭成立，1988年行政审判庭成立。2019年6月大邑县人民法院全面完成司法体制内设机构改革，现设有政治部（督察室）、综合办公室、立案庭（诉讼服务中心）、刑庭审判庭、民事审判庭（未成年人与家事审判庭）、行政审判庭（综合审判庭）、执行局、审判管理办公室（研究室）、法警大队9个部门，以及安仁法庭、王泗法庭、花水湾法庭3个派出法庭。

由史而循，伴随着经济的快速发展和法律体系的日益完善，乡土社会的法治化是一个逐渐实现的过程，在法治建设中乡土社会的可取之处能够对法治社会的发展有所裨益。今天，大邑县人民法院坚定中国特色社会主义道路自信、理论自信、制度自信、文化自信，牢牢把握公正司法、为民司法的永恒主题，汲取传统文化精髓，厚植司法文化承载。2020年10月，大邑县人民法院司法文化陈列室正式揭牌，陈列室分为前言、1949年以前长夜里的伏行、1949—1977年发展中的曲折、1978—2016年改革期的飞跃和新时代的使命与担当、荣誉展示和结束语等板块，共陈列展出资料230余份，实物20余件，图片20余张，档案10余份，展示了大邑县人民法院基层司法文化的变迁以及大邑县人民法院对基层司法文化的保护和尊重。

时过境迁，现今地方司法文化建构，倡导的是新时代的核心价值。正所谓，过去的历史，虽不必然于当下，但为民司法的精神，需要薪火相传、代代守护，更需要与时俱进、推陈出新。在大邑县人民法院建院70周年之际，借此书特别感谢建川博物馆樊建川馆长，四川大学法学院王有粮副教授团队，书法家、油画家萧继东老师，大邑县人民法院离退休干部聂代海老法官父子，以及全院干警、社会各界朋友对院藏民国司法档案整理与研究的指导与帮助。

（本文原载于《人民法治》2021年3月号上，此处有修改，作者系四川省大邑县人民法院党组书记、院长）

全宗名称	档号	全宗号	目录号	年度	案卷号	顺序号	文件题名	责任人	责任者	起始时间	终止时间	页数	受文者	文种	起止页码	文号
四川省大邑县法院民事案件	002—001—0001—0001	002	001	1946	0001	0001	四川省新津县法院邓银章诉黄丙臣返还田房民事诉讼卷宗封面		四川新津县人民法院	19460000	19460000	1		封面	1—1	
四川省大邑县法院民事案件	002—001—0001—0002	002	001	1946	0001	0002	返还田房案件登记表			19460000	19460000	1		登记表	2—2	诉字第67号
四川省大邑县法院民事案件	002—001—0001—0003	002	001	1946	0001	0003	邓艰年诉黄丙臣返还田房案卷宗目录、票证单录			19460000	19460000	2		目录	3—4	
四川省大邑县法院民事案件	002—001—0001—0004	002	001	1946	0001	0004	四川新津司法处受理胡雨辰与李宗廷返还田房一案卷宗裁定文件送达四川高院的公函		四川新津县司法处	19460506	19460506	1	四川高等法院	函	5—5	民字第253号
四川省大邑县法院民事案件	002—001—0001—0005	002	001	1946	0001	0005	胡雨臣等人不服原审判决上诉诉状		四川新津县司法处民事庭	19460415	19460415	4		诉状	6—9	
四川省大邑县法院民事案件	002—001—0001—0006	002	001	1946	0001	0006	胡雨臣声请上诉一石代用司法印纸联单		四川新津县司法处	19460415	19460415	1		单据	10—10	审字第005号
四川省大邑县法院民事案件	002—001—0001—0007	002	001	1946	0001	0007	胡雨臣声请上诉撰写缮状代用司法印纸联单		四川新津县司法处	19460415	19460415	1		单据	11—11	缮字第34号
四川省大邑县法院民事案件	002—001—0001—0008	002	001	1946	0001	0008	四川新津县司法处民事庭关于胡雨臣上诉返还田房一案民事裁定	审判员傅思源	四川新津县司法处民事庭	19460420	19460420	1		裁定	12—12	
四川省大邑县法院民事案件	002—001—0001—0009	002	001	1946	0001	0009	新津县司法处胡雨臣上诉一案裁定书送达证书		四川新津县司法处	19460420	19460420	1		送达回证	13—13	

全宗名称	档号	全宗号	目录号	年度	案卷号	顺序号	文件题名	责任人	责任者	起始时间	终止时间	页数	受文者	文种	起止页码	文号
四川省大邑县法院民事案件	002—001—0001—0010	002	001	1946	0001	0010	新津县司法处胡雨臣上诉一案被上诉人上诉诉状送达证书		四川新津县司法处	19460420	19460420	1		送达回证	14—14	
四川省大邑县法院民事案件	002—001—0001—0011	002	001	1946	0001	0011	新津县司法处胡雨臣返还田房上诉案缴费缴状		四川新津县司法处	19460400	19460400	2		证明	15—16	
四川省大邑县法院民事案件	002—001—0001—0012	002	001	1946	0001	0012	胡雨臣返还田房因裁判费代用司法印纸联单		四川高等法院	19460430	19460430	2		单据	17—18	
四川省大邑县法院民事案件	002—001—0001—0013	002	001	1946	0001	0013	胡雨臣上诉案被上诉人律师委任状		四川高等法院民事第一庭	19460614	19460614	3		委任状	19—21	
四川省大邑县法院民事案件	002—001—0001—0014	002	001	1946	0001	0014	胡雨臣上诉案上诉一方律师委托授权委任状		四川高等法院	19460614	19460614	3		委任状	22—24	
四川省大邑县法院民事案件	002—001—0001—0015	002	001	1946	0001	0015	陈月亭呈请四川高等法院撤销上诉案件申请书	具状人陈月亭		19460600	19460600	3	四川高等法院	呈	25—27	
四川省大邑县法院民事案件	002—001—0001—0016	002	001	1946	0001	0016	返还田房上诉案被上诉人民事答辩状	具状人黄青山等		19460522	19460522	5		答辩状	28—32	
四川省大邑县法院民事案件	002—001—0001—0017	002	001	1946	0001	0017	上诉人出庭登记表			19460614	19460614	1		表	33—33	上字第774号
四川省大邑县法院民事案件	002—001—0001—0018	002	001	1946	0001	0018	四川省高等法院要求胡雨臣与李宗廷等返还田房一案言词辩论日期及送达传票的公函		四川高等法院民事第一庭	19460523	19460523	1	四川新津县司法处	函	34—34	智字第5200号

全宗名称	档号	全宗号	目录号	年度	案卷号	顺序号	文件题名	责任人	责任者	起始时间	终止时间	页数	受文者	文种	起止页码	文号
四川省大邑县法院民事案件	002-001-0001-0019	002	001	1946	0001	0019	新津县司法处书记室关于胡雨臣与李宗廷返还田房上诉一案送达相关证书请予查收的公函		四川新津县司法处书记室	19460603	19460603	1	四川高等法院民一庭	公函	35-35	民字第532号
四川省大邑县法院民事案件	002-001-0001-0020	002	001	1946	0001	0020	胡雨臣与李宗廷等返还田房上诉案送达回证		四川高等法院	19460522	19460522	14		送达回证	36-49	
四川省大邑县法院民事案件	002-001-0001-0021	002	001	1946	0001	0021	四川高等法院民一庭点名单		四川高等法院民一庭	19460614	19460614	3		点名单	50-52	
四川省大邑县法院民事案件	002-001-0001-0022	002	001	1946	0001	0022	胡雨臣与李宗廷等返还田房上诉案庭审笔录		四川高等法院	19460614	19460614	18		笔录	53-70	
四川省大邑县法院民事案件	002-001-0001-0023	002	001	1946	0001	0023	胡雨臣与李宗廷宣示审判笔录	审判长金镛	四川高等法院	19460619	19460619	2		笔录	71-72	
四川省大邑县法院民事案件	002-001-0001-0024	002	001	1946	0001	0024	四川省高等法院胡雨臣与李宗廷返还田房上诉案判决书	书记官李平(李法平)	四川高等法院	19460619	19460619	8		判决书	73-80	上字第774号
四川省大邑县法院民事案件	002-001-0001-0025	002	001	1946	0001	0025	四川高等法院民事第一庭胡雨臣与李宗廷返还田房上诉案应送达判决书并签收送达回证函		四川高等法院民事第一庭	19460622	19460622	1	四川新津县司法处	函	81-81	
四川省大邑县法院民事案件	002-001-0001-0026	002	001	1946	0001	0026	四川新津司法处书记室关于已经送达判决书并签收送达回证公函		四川新津县司法处	19460708	19460708	1	四川高等法院	函	82-82	民字第416号

全宗名称	档号	全宗号	目录号	年度	案卷号	顺序号	文件题名	责任人	责任者	起始时间	终止时间	页数	受文者	文种	起止页码	文号
四川省大邑县法院民事案件	002—001—0001—0027	002	001	1946	0001	0027	胡雨臣与李宗廷返还田房上诉案判决书送达回证		四川新津县司法处	19460221	19460221	3		送达回证	83—85	
四川省大邑县法院民事案件	002—001—0001—0028	002	001	1946	0001	0028	胡雨臣与李宗廷返还田房一案判决结果			19460000	19460000	2		判决	86—87	
四川省大邑县法院民事案件	002—001—0001—0029	002	001	1946	0001	0029	最高法院书记处关于要求新津县司法处应送达上诉状并签收送达证书的公函		最高法院书记厅	19461127	19461127	1		函	88—88	
四川省大邑县法院民事案件	002—001—0001—0030	002	001	1946	0001	0030	最高法院胡雨臣上诉状送达证书		最高法院	19460000	19460000	1		送达回证	89—89	上字第3963号
四川省大邑县法院民事案件	002—001—0001—0031	002	001	1946	0001	0031	四川高等法院要求新津县司法处送达上诉状缮本及证据材料的公函		四川高等法院民事第二庭	19481015	19481015	1		函	90—90	
四川省大邑县法院民事案件	002—001—0001—0032	002	001	1946	0001	0032	判决名单			19460000	19460000	1		名单	91—91	
四川省大邑县法院民事案件	002—001—0001—0033	002	001	1946	0001	0033	邓银章等人关于同胡雨臣返还田房一案民事上诉状	具状人邓银章等人		19480828	19480828	3		诉状	92—94	
四川省大邑县法院民事案件	002—001—0001—0034	002	001	1946	0001	0034	邓银章等人关于同胡雨臣返还田房一案民事上诉状			19480911	19480911	4		诉状	95—98	
四川省大邑县法院民事案件	002—001—0002—0001	002	001	1946	0002	0001	邓银章胡雨臣上诉案件卷宗登记表			19460000	19460000	1		登记表	1—1	

全宗名称	档号	全宗号	目录号	年度	案卷号	顺序号	文件题名	责任人	责任者	起始时间	终止时间	页数	受文者	文种	起止页码	文号
四川省大邑县法院民事案件	002—001—0002—0002	002	001	1948	0002	0002	邓银章诉胡雨臣返还田房上诉诉状			19480911	19480911	5	四川高等法院民二庭	上诉状	2—6	
四川省大邑县法院民事案件	002—001—0003—0001	002	001	1946	0003	0001	四川省新津县人民法院曹绍贤诉杜伯徐离婚及赡养费一案民事诉讼卷宗封面		四川新津县人民法院	19460000	19460000	1		封面	1—1	
四川省大邑县法院民事案件	002—001—0003—0002	002	001	1946	0003	0002	新津县司法处曹绍贤诉杜伯徐离婚及赡养案件诉讼登记表		新津县司法处	19460000	19460000	1		登记表	2—2	
四川省大邑县法院民事案件	002—001—0003—0003	002	001	1946	0003	0003	四川省新津县司法处关于送达原审裁定及上诉副状的公函		四川新津县司法处	19460600	19460600	1		函	3—3	
四川省大邑县法院民事案件	002—001—0003—0004	002	001	1946	0003	0004	债权人曹绍贤因离婚申请执行返还衣物、给付赡养费及精神损失费之间申请书			19460620	19460620	2	四川新津县司法处	申请书	4—5	
四川省大邑县法院民事案件	002—001—0003—0005	002	001	1946	0003	0005	天一福永自家水田九亩保证曹绍贤债权实现的保证书			19460600	19460600	5	四川新津县司法处	保证书	6—10	
四川省大邑县法院民事案件	002—001—0003—0006	002	001	1946	0003	0006	四川新津县司法处曹绍贤诉杜伯徐离婚案件民事判决书	审判长傅思源	四川新津县司法处	19460424	19460424	4		判决书	11—14	
四川省大邑县法院民事案件	002—001—0003—0007	002	001	1946	0003	0007	曹绍贤申请强制执行申请书			19460600	19460600	4	四川新津县司法处	申请书	15—18	

全宗名称	档号	全宗号	目录号	年度	案卷号	顺序号	文件题名	责任人	责任者	起始时间	终止时间	页数	受文者	文种	起止页码	文号
四川省大邑县法院民事案件	002—001—0003—0008	002	001	1946	0003	0008	曹绍贤、杜伯馀送达批示意见的送达证书		四川新津县司法处	19460706	19460706	1		送达证书	19—19	
四川省大邑县法院民事案件	002—001—0003—0009	002	001	1946	0003	0009	曹绍贤声请将至假执行查封拍卖水田代购白米将以为继事情、声请因请求离婚返还奁物给付赡养费及赔偿精神损失费事由			19460700	19460700	4	四川新津县司法处	民事声请	20—23	
四川省大邑县法院民事案件	002—001—0003—0010	002	001	1946	0003	0010	新津县司法处要求曹绍贤提供保证的商号、住址呈报来处以便执行的通知		四川新津县司法处	19460715	19460715	1	曹绍贤	通知	24—24	
四川省大邑县法院民事案件	002—001—0003—0011	002	001	1946	0003	0011	曹绍贤提供保证的商号住址声请强制执行的申请书			19460724	19460724	4		呈	25—28	
四川省大邑县法院民事案件	002—001—0003—0012	002	001	1946	0003	0012	四川新津县司法处未函请查代复与运输行是都股实铺保并希购发由		四川新津县司法处	19460721	19460721	2	四川成都地方法院	公函	29—30	

全宗名称	档号	全宗号	目录号	年度	案卷号	顺序号	文件题名	责任人	责任者	起始时间	终止时间	页数	受文者	文种	起止页码	文号
四川省大邑县法院民事案件	002—001—0003—0013	002	001	1946	0003	0013	曹绍贤为保证商号已蒙查验状请查案迅予实施假执行事情，债权人请求离婚给付赡养费及赔偿精神损失返还衣物事件与杜伯馀涉讼述经	具状人曹绍贤		19460723	19460723	4	四川新津县司法处	民事声请	31—34	
四川省大邑县法院民事案件	002—001—0003—0014	002	001	1946	0003	0014	四川省高等法院民事庭关于要求新津法院向杜伯馀曹绍贤救助一案当时人送达裁定二分并签收送达证书的公函		四川高等法院民事第一庭	19460731	19460731	1	四川新津县司法处	公函	35—35	7855 号
四川省大邑县法院民事案件	002—001—0003—0015	002	001	1946	0003	0015	四川新津县司法处经已送达裁定书并签收送达证书请查收的公函		四川新津县司法处书记室	19460812	19460812	1	四川高等法院	公函	36—36	民字第 513 号
四川省大邑县法院民事案件	002—001—0003—0016	002	001	1946	0003	0016	曹绍贤声请四川新津县司法处强制执行			19460800	19460800	4	四川新津县司法处	民事声请	37—40	
四川省大邑县法院民事案件	002—001—0003—0017	002	001	1946	0003	0017	四川成都地方法院为准函嘱调查复与运输行有无实力保证曹绍贤一案复请查照由		四川成都地方法院	19460906	19460906	2	四川新津县司法处	公函	41—42	第 792 号
四川省大邑县法院民事案件	002—001—0003—0018	002	001	1946	0003	0018	曹绍贤声请继续快速强制执行免拖累债权人的民事声请书			19460909	19460909	4	四川新津县司法处	民事声请	43—46	

全宗名称	档号	全宗号	目录号	年度	案卷号	顺序号	文件题名	责任人	责任者	起始时间	终止时间	页数	受文者	文种	起止页码	文号
四川省大邑县法院民事案件	002—001—0003—0019	002	001	1946	0003	0019	曹绍贤为另觅保状恳实施强制执行而免拖累事情债权人因离婚等事件与债务人涉讼申请书			19461000	19461000	3	四川新津县司法处	民事声请	47—49	
四川省大邑县法院民事案件	002—001—0003—0020	002	001	1946	0003	0020	四川新津县司法处公函：为函请代查天福一保证金是否殷实并希购发由		四川新津县司法处	19461000	19461000	2	四川成都地方法院	公函	50—51	
四川省大邑县法院民事案件	002—001—0003—0021	002	001	1946	0003	0021	四川高等法院要求送达杜伯馀曹绍贤离婚案件裁定书并签收送达证书的公函		四川高等法院民事第一庭	19461014	19461014	1	四川新津县司法处	公函	52—52	义字第10340号
四川省大邑县法院民事案件	002—001—0003—0022	002	001	1946	0003	0022	四川新津司法处书记室关于已经送达判决书并签收送达回证公函		四川新津县司法处书记室	19461024	19461024	1	四川新津县司法处	公函	53—53	
四川省大邑县法院民事案件	002—001—0003—0023	002	001	1946	0003	0023	四川成都地方法院公函：函复天一夫金号确有能力付保证责任请查照由		四川成都地方法院	19461106	19461106	2	四川新津县司法处	公函	54—55	民属字第 308 号
四川省大邑县法院民事案件	002—001—0003—0024	002	001	1946	0003	0024	证明书：为出具证明事缘新津县曹绍贤杜伯馀因给付膳食一案兹奉		正保长军(羊)茂霖	19461030	19461030	2	四川成都地方法院	证明书	56—57	
四川省大邑县法院民事案件	002—001—0003—0025	002	001	1946	0003	0025	曹绍贤声请尽快执行以免拖累声请书			19461100	19461100	4	四川新津县司法处	民事声请	58—61	

全宗名称	档号	全宗号	目录号	年度	案卷号	顺序号	文件题名	责任人	责任者	起始时间	终止时间	页数	受文者	文种	起止页码	文号
四川省大邑县法院民事案件	002—001—0003—0026	002	001	1946	0003	0026	四川省高等法院驳回杜伯馀上诉请求的民事裁定书	审判长推事宋维经	四川高等法院民事第一庭	19460930	19460930	2		裁定	62—63	上字第106号
四川省大邑县法院民事案件	002—001—0003—0027	002	001	1946	0003	0027	新津县司法处曹绍贤诉杜伯馀离婚案民事判决书	审判员付(傅)思源	四川新津县司法处	19460424	19460424	6		判决	64—69	毒字第17号
四川省大邑县法院民事案件	002—001—0003—0028	002	001	1946	0003	0028	曹绍贤为债务人担保财产尽快执行民事声请			19460000	19460000	2		民事声请	70—71	
四川省大邑县法院民事案件	002—001—0003—0029	002	001	1946	0003	0029	曹绍贤感谢新津县司法处了解此案的感谢信			19460000	19460000	5		书信	72—76	
四川省大邑县法院民事案件	002—001—0003—0030	002	001	1946	0003	0030	曹绍贤关于申请执行的诉状			19460212	19460212	4		诉状	77—80	
四川省大邑县法院民事案件	002—001—0003—0031	002	001	1946	0003	0031	四川新津县司法处为派员执行曹绍贤与杜伯馀赡养费一案公函		四川新津县司法处	19471020	19471020	1		公函	81—81	第 123 号
四川省大邑县法院民事案件	002—001—0003—0032	002	001	1946	0003	0032	曹绍贤声请假执行声请书			19470226	19470226	4		民事声请	82—85	
四川省大邑县法院民事案件	002—002—0001—0001	002	002	1947	0001	0001	四川高等法院周裕丰、刘宗辉终止租约诉讼卷宗封面		四川高等法院	19470000	19470000	1			1—1	
四川省大邑县法院民事案件	002—002—0001—0002	002	002	1947	0001	0002	四川高等法院周裕丰诉刘宗辉终止租约上诉案卷宗封面		四川高等法院	19470000	19470000	1		封面	(1)1—1	上字第994号

全宗名称	档号	全宗号	目录号	年度	案卷号	顺序号	文件题名	责任人	责任者	起始时间	终止时间	页数	受文者	文种	起止页码	文号
四川省大邑县法院民事案件	002—002—0001—0003	002	002	1947	0001	0003	四川高等法院周裕丰诉刘宗辉终止租约上诉卷宗目录		四川高等法院	19470000	19470000	2		目录	(1)2—3	
四川省大邑县法院民事案件	002—002—0001—0004	002	002	1947	0001	0004	四川新津县司法处函送刘宗辉周裕丰终止租约案二审缴纳裁判费及送达副状公函		四川新津县司法处	19470515	19470515	1	四川高等法院民事庭	公函	(1)4—4	诉字第50号
四川省大邑县法院民事案件	002—002—0001—0005	002	002	1947	0001	0005	周裕丰诉刘宗辉终止租约诉状			19470428	19470428	4	四川新津县司法处	诉状	(1)5—8	
四川省大邑县法院民事案件	002—002—0001—0006	002	002	1947	0001	0006	周裕丰声请上诉缴纳撰写缮状费代用司法印纸联单		四川新津县司法处	19470428	19470428	1		收据	(1)9—9	缮字第184号
四川省大邑县法院民事案件	002—002—0001—0007	002	002	1947	0001	0007	周裕丰声请上诉缴纳上诉费代用司法印纸联单		四川新津县司法处	19470428	19470428	1		收据	(1)10—10	缮字第15号
四川省大邑县法院民事案件	002—002—0001—0008	002	002	1947	0001	0008	四川新津县司法处驳回周裕丰上诉民事裁定	主任审判官王镇	四川新津县司法处民庭	19470500	19470500	1		裁定书	(1)11—11	
四川省大邑县法院民事案件	002—002—0001—0009	002	002	1947	0001	0009	刘宗辉送达上诉副状一件送达证书		四川新津县司法处	19470508	19470508	1		送达证书	(1)12—12	
四川省大邑县法院民事案件	002—002—0001—0010	002	002	1947	0001	0010	送达周裕丰裁定一件送达证书		四川新津县司法处	19470508	19470508	1		送达证书	(1)13—13	
四川省大邑县法院民事案件	002—002—0001—0011	002	002	1947	0001	0011	周裕丰诉刘玉辉终止租约一案上诉状			19470519	19470519	6	四川高等法院	上诉状	(1)14—19	

全宗名称	档号	全宗号	目录号	年度	案卷号	顺序号	文件题名	责任人	责任者	起始时间	终止时间	页数	受文者	文种	起止页码	文号
四川省大邑县法院民事案件	002—002—0001—0012	002	002	1947	0001	0012	周裕丰缴纳上诉费代用司法印纸联单		四川高等法院	19470519	19470519	1		收据	(1)20—20	
四川省大邑县法院民事案件	002—002—0001—0013	002	002	1947	0001	0013	周裕丰缴纳上诉缮状费用代用司法印纸联单		四川高等法院	19470519	19470519	1		收据	(1)21—21	
四川省大邑县法院民事案件	002—002—0001—0014	002	002	1947	0001	0014	周裕丰上诉诉状			19470500	19470500	4	四川高等法院	诉状	(1)22—25	
四川省大邑县法院民事案件	002—002—0001—0015	002	002	1947	0001	0015	四川高等法院民事案件审理单		四川高等法院	19470528	19470528	1		单据	(1)26—26	
四川省大邑县法院民事案件	002—002—0001—0016	002	002	1947	0001	0016	四川高等法院民事第三庭受理周裕丰与刘宗辉终止租约上诉案并确定言词辩论日期的公函		四川高等法院民三庭	19470529	19470529	1		公函	(1)27—27	民元字第六二三七号
四川省大邑县法院民事案件	002—002—0001—0017	002	002	1947	0001	0017	四川新津县司法处送达周裕丰诉刘宗辉终止租约传票的公函		四川新津县司法处书记室	19470617	19470617	1	四川高等法院民事第三庭	公函	(1)28—28	诉字第312号
四川省大邑县法院民事案件	002—002—0001—0018	002	002	1947	0001	0018	周裕丰传票送达证书		四川高等法院	19470529	19470529	1		送达证书	(1)29—29	
四川省大邑县法院民事案件	002—002—0001—0019	002	002	1947	0001	0019	刘宗辉传票送达证书		四川高等法院	19470529	19470529	1		送达证书	(1)30—30	
四川省大邑县法院民事案件	002—002—0001—0020	002	002	1947	0001	0020	周裕丰委任刘易东代为出庭的委任状			19470616	19470616	2	四川高等法院	委任状	(1)31—32	
四川省大邑县法院民事案件	002—002—0001—0021	002	002	1947	0001	0021	周裕丰租佃上诉案缴纳缮状费代用司法印纸联单		四川高等法院	19470616	19470616	3		单据	(1)33—35	

全宗名称	档号	全宗号	目录号	年度	案卷号	顺序号	文件题名	责任人	责任者	起始时间	终止时间	页数	受文者	文种	起止页码	文号
四川省大邑县法院民事案件	002—002—0001—0022	002	002	1947	0001	0022	四川高等法院民三庭周裕丰上诉案点名单	审判长余其贞	四川高等法院民三庭	19470617	19470617	2		点名单	(1)36—37	
四川省大邑县法院民事案件	002—002—0001—0023	002	002	1947	0001	0023	周裕丰上诉案庭审笔录	审判长推事余其贞	四川高等法院民三庭	19470617	19470617	7		笔录	(1)38—44	
四川省大邑县法院民事案件	002—002—0001—0024	002	002	1947	0001	0024	周裕丰刘宗辉终止租约上诉案宣示判决笔录	审判长推事余其贞	四川高等法院民三庭	19470621	19470621	2		笔录	(1)45—46	
四川省大邑县法院民事案件	002—002—0001—0025	002	002	1947	0001	0025	刘宗辉因租佃纠纷上诉状			19470600	19470600	4		上诉状	(1)47—50	
四川省大邑县法院民事案件	002—002—0001—0026	002	002	1947	0001	0026	四川高等法院刘宗辉与周裕丰终止租约上诉案民事判决	审判长余其珍、推事李属烈、李崇	四川高等法院	19470000	19470000	3		判决书	(1)51—53	上字第994号
四川省大邑县法院民事案件	002—002—0001—0027	002	002	1947	0001	0027	四川高等法院民事第三庭函请新津县司法处送达二审判决正文并签收送达证书		四川高等法院	19470705	19470705	1		函	(1)54—54	
四川省大邑县法院民事案件	002—002—0001—0028	002	002	1947	0001	0028	四川新津县司法处书记室函已送达判决并签收送达证书		四川新津县司法处书记室	19470707	19470707	1	四川高等法院民事第三庭	函	(1)55—55	字第464号
四川省大邑县法院民事案件	002—002—0001—0029	002	002	1947	0001	0029	送达周裕丰、刘宗辉判决书主文的送达回证		四川高等法院	1940705	19470705	2		送达证书	(1)56—57	
四川省大邑县法院民事案件	002—002—0001—0030	002	002	1947	0001	0030	刘宗辉终止租约反诉状			19470629	19470629	3		反诉状	(1)58—60	

全宗名称	档号	全宗号	目录号	年度	案卷号	顺序号	文件题名	责任人	责任者	起始时间	终止时间	页数	受文者	文种	起止页码	文号
四川省大邑县法院民事案件	002—002—0001—0031	002	002	1947	0001	0031	四川高等法院民事第三庭通知周裕丰、刘宗辉再审开庭辩论的通知书		四川高等法院民事第三庭	19470707	19470707	1		通知书	(1)61—61	上字第994号
四川省大邑县法院民事案件	002—002—0001—0032	002	002	1947	0001	0032	四川高等法院函请新津县司法处送达周裕丰刘宗辉通知书并签收送达证书		四川高等法院	19470707	19470707	1		函	(1)62—62	
四川省大邑县法院民事案件	002—002—0001—0033	002	002	1947	0001	0033	四川新津县司法处已送达通知书并相应签收送达证书的公函		四川新津县司法处	19470721	19470721	1		公函	(1)63—63	
四川省大邑县法院民事案件	002—002—0001—0034	002	002	1947	0001	0034	刘宗辉送达通知书的送达证书		四川高等法院	19470714	19470714	1		送达证书	(1)64—64	
四川省大邑县法院民事案件	002—002—0001—0035	002	002	1947	0001	0035	四川高等法院卷宗材料		四川高等法院	19470000	19470000	4		材料	(1)65—68	
四川省大邑县法院民事案件	002—002—0001—0036	002	002	1947	0001	0036	新津县司法处民事第一审刘宗辉诉周裕丰终止租约案卷宗封面		四川新津县司法处	19470227	19470400	1		封面	(2)1—1	
四川省大邑县法院民事案件	002—002—0001—0037	002	002	1947	0001	0037	卷底页		四川新津县司法处	19470000	19470000	1		目录	(2)2—2	
四川省大邑县法院民事案件	002—002—0001—0038	002	002	1947	0001	0038	刘宗辉诉周裕丰终止租约案起诉状			19470226	19470226	5		诉状	(2)3—7	
四川省大邑县法院民事案件	002—002—0001—0039	002	002	1947	0001	0039	新津县司法处刘宗辉诉周裕丰终止租约缴纳诉讼费用代用司法印纸联单		四川新津县司法处	19470226	19470226	2		收据	(2)8—9	

全宗名称	档号	全宗号	目录号	年度	案卷号	顺序号	文件题名	责任人	责任者	起始时间	终止时间	页数	受文者	文种	起止页码	文号
四川省大邑县法院民事案件	002—002—0001—0040	002	002	1947	0001	0040	周裕丰民事答辩状			19470308	19470308	5	四川新津县司法处	答辩状	(2)10—14	
四川省大邑县法院民事案件	002—002—0001—0041	002	002	1947	0001	0041	周裕丰缮状费代用司法印纸联单		四川新津县司法处	19470308	19470308	1		收据	(2)15—15	缮字第247号
四川省大邑县法院民事案件	002—002—0001—0042	002	002	1947	0001	0042	刘宗辉为委任代理人请求延期审判的声请书			19470401	19470401	5	四川新津县司法处	民事声请书	(2)16—20	
四川省大邑县法院民事案件	002—002—0001—0043	002	002	1947	0001	0043	刘宗辉缴纳缮状费代用司法印纸联单		四川新津县司法处	19470401	19470401	1		收据	(2)21—21	缮字第351号
四川省大邑县法院民事案件	002—002—0001—0044	002	002	1947	0001	0044	刘宗辉委任代理人委任书			19470317	19470317	5	四川新津县司法处	委托函	(2)22—26	
四川省大邑县法院民事案件	002—002—0001—0045	002	002	1947	0001	0045	刘宗辉缴纳缮状费代用司法印纸联单		四川新津县司法处	19470000	19470000	1		收据	(2)27—27	
四川省大邑县法院民事案件	002—002—0001—0046	002	002	1947	0001	0046	刘宗辉、周裕丰终止租约案件民事证人供词			19470400	19470400	3	四川新津县司法处	证人证言	(2)28—30	
四川省大邑县法院民事案件	002—002—0001—0047	002	002	1947	0001	0047	刘平安缴纳缮状费代用司法印纸联单		四川新津县司法处	19470404	19470404	1		收据	(2)31—31	缮字第364号
四川省大邑县法院民事案件	002—002—0001—0048	002	002	1947	0001	0048	周裕丰委任刘易东民事委任状			19470404	19470404	3	四川新津县司法处	委任状	(2)32—34	
四川省大邑县法院民事案件	002—002—0001—0049	002	002	1947	0001	0049	周裕丰缴纳申请书费用代用司法印纸联单		四川新津县司法处	19470404	19470404	2		收据	(2)35—36	

全宗名称	档号	全宗号	目录号	年度	案卷号	顺序号	文件题名	责任人	责任者	起始时间	终止时间	页数	受文者	文种	起止页码	文号
四川省大邑县法院民事案件	002—002—0001—0050	002	002	1947	0001	0050	刘宗辉、周裕丰送达传票送达证书		四川新津县司法处	19470403	19470403	3		送达证书	(2)37—39	
四川省大邑县法院民事案件	002—002—0001—0051	002	002	1947	0001	0051	四川新津县司法处民庭刘宗辉、周裕丰终止租约案件点名单		四川新津县司法处	19470405	19470405	1		点名单	(2)40—40	
四川省大邑县法院民事案件	002—002—0001—0052	002	002	1947	0001	0052	四川新津县司法处刘宗辉、周裕丰终止租约案件审讯笔录		四川新津县司法处	19470405	19470405	7		笔录	(2)41—47	
四川省大邑县法院民事案件	002—002—0001—0053	002	002	1947	0001	0053	刘宗辉、周裕丰宣示判决笔录		四川新津县司法处	19470405	19470405	1		笔录	(2)48—48	
四川省大邑县法院民事案件	002—002—0001—0054	002	002	1947	0001	0054	周裕丰关于终止租约案民事答辩状			19470405	19470405	5	四川新津县司法处	辩词	(2)49—53	
四川省大邑县法院民事案件	002—002—0001—0055	002	002	1947	0001	0055	周裕丰辩诉词缴纳缮状费代用司法印纸联单		四川新津县司法处	19470407	19470407	1		收据	(2)54—54	
四川省大邑县法院民事案件	002—002—0001—0056	002	002	1947	0001	0056	刘宗辉答辩状		四川新津县司法处	19470414	19470414	4	四川新津县司法处	答辩状	(2)55—58	
四川省大邑县法院民事案件	002—002—0001—0057	002	002	1947	0001	0057	刘宗辉缴纳答辩缮状费代用司法印纸联单		四川新津县司法处	19470414	19470414	1		收据	(2)59—59	
四川省大邑县法院民事案件	002—002—0001--0058	002	002	1947	0001	0058	刘宗辉、周裕丰终止租约案件民事判决书		四川新津县司法处	19470425	19470425	2		判决书	(2)60—61	
四川省大邑县法院民事案件	002—002—0001—0059	002	002	1947	0001	0059	刘宗辉、周裕丰判决书送达证书		四川新津司法处	19470427	19470427	2		送达证书	(2)62—63	

全宗名称	档号	全宗号	目录号	年度	案卷号	顺序号	文件题名	责任人	责任者	起始时间	终止时间	页数	受文者	文种	起止页码	文号
四川省大邑县法院民事案件	002—002—0001—0060	002	002	1947	0001	0060	四川新津县司法处刘宗辉周裕丰终止租约案件登记表		四川新津县司法处	19470913	19470913	1		表	(2)64—64	
四川省大邑县法院民事案件	002—002—0001—0061	002	002	1947	0001	0061	四川高等法院关于刘宗辉、周裕丰终止租约案声请上诉函请检送相关材料		四川高等法院	19470821	19470821	1		公函	(2)65—65	
四川省大邑县法院民事案件	002—002—0001—0062	002	002	1947	0001	0062	刘宗辉关于终止租约案件声请上诉申请书			19470721	19470721	3		声请书	(2)66—68	
四川省大邑县法院民事案件	002—002—0001—0063	002	002	1947	0001	0063	四川高等法院关于刘宗辉上诉案民事裁定		四川高等法院	19470731	19470731	1		裁定	(2)69—69	
四川省大邑县法院民事案件	002—002—0001—0064	002	002	1947	0001	0064	四川高等法院要求新津县司法处送达裁定书的公函		四川高等法院	19470731	19470731	1		公函	(2)70—70	
四川省大邑县法院民事案件	002—002—0001—0065	002	002	1947	0001	0065	四川新津县司法处书记室关于已送达刘宗辉、周裕丰终止租约案件裁定书并签收送达回证的公函		四川新津县司法处	19470819	19470819	1		公函	(2)71—71	诉字第562号
四川省大邑县法院民事案件	002—002—0001—0066	002	002	1947	0001	0066	四川高等法院刘宗辉、周裕丰裁定书送达回证		四川高等法院	19470731	19470731	2		送达证书	(2)72—73	
四川省大邑县法院民事案件	002—002—0001—0067	002	002	1947	0001	0067	刘宗辉、周裕丰终止租约案随卷材料		四川高等法院	19470000	19470000	3		材料	(2)74—76	

全宗名称	档号	全宗号	目录号	年度	案卷号	顺序号	文件题名	责任人	责任者	起始时间	终止时间	页数	受文者	文种	起止页码	文号
四川省大邑县法院民事案件	002—002—0001—0068	002	002	1947	0001	0068	刘宗辉关于缴纳上诉费用相关事由的声请书			19470800	19470800	4	四川最高院	声请书	(2)77—80	
四川省大邑县法院民事案件	002—002—0001—0069	002	002	1947	0001	0069	文书送达信封			19470000	19470000	2		信封	(2)81—82	
四川省大邑县法院民事案件	002—002—0001—0070	002	002	1947	0001	0070	四川高等法院刘宗辉周裕丰终止租约案件民事裁定书		四川高等法院	19470731	19470731	2		裁定书	(2)83—84	上字第994号
四川省大邑县法院民事案件	002—002—0001—0071	002	002	1947	0001	0071	刘宗辉缴纳裁判费代用司法印纸联单		四川最高法院	19470912	19470912	1		收据	(2)85—85	
四川省大邑县法院民事案件	002—002—0001—0072	002	002	1947	0001	0072	四川省最高法院函送刘宗辉理缮公函		四川身最高法院	19480217	19480217	1	四川新津县司法处	公函	(2)86—86	民稳字第868号
四川省大邑县法院民事案件	002—002—0001—0073	002	002	1947	0001	0073	刘宗辉关于与周裕丰终止租约案上诉状			19471000	19471000	4	四川高等法院	上诉状	(2)87—90	
四川省大邑县法院民事案件	002—002—0001—0074	002	002	1947	0001	0074	四川高等法院关于将全案证据检送此处的公函		四川高等法院书记厅	19480416	19480416	1	四川新津县司法处	公函	(2)91—91	民元字第3945号
四川省大邑县法院民事案件	002—002—0001—0075	002	002	1947	0001	0075	四川高等法院关于轩(干)绍廷、轩(干)绍云划分遗产案民事裁定书		四川高等法院	19470428	19470428	1		裁定	(3)1—1	
四川省大邑县法院民事案件	002—002—0001—0076	002	002	1947	0001	0076	四川高等法院关于送达裁定书公函		四川高等法院	19470429	19470429	1	四川新津县司法处	公函	(3)2—2	民字第4485号

全宗名称	档号	全宗号	目录号	年度	案卷号	顺序号	文件题名	责任人	责任者	起始时间	终止时间	页数	受文者	文种	起止页码	文号
四川省大邑县法院民事案件	002－002－0001－0077	002	002	1947	0001	0077	新津县司法处关于已经送达裁定并签收送达证书的公函		四川新津县司法处	19480521	19480521	1	四川高等法院	公函	（3）3－3	民字第1437号
四川省大邑县法院民事案件	002－002－0001－0078	002	002	1947	0001	0078	送达轩（干）绍廷裁定书正本送达证书		四川高等法院	19480429	19480429	1		送达证书	（3）4－4	
四川省大邑县法院民事案件	002－002－0001－0079	002	002	1947	0001	0079	送达轩（干）绍云上诉理由一份的送达证书		四川高等法院	19470429	19470429	1		送达证书	（3）5－5	
四川省大邑县法院民事案件	002－002－0002－0001	002	002	1947	0002	0001	四川省高等法院王钟灵诉张子封欠租第二审民事诉讼卷宗		四川高等法院	19470722	19470722	1		封面	1－1	
四川省大邑县法院民事案件	002－002－0002－0002	002	002	1947	0002	0002	四川省高等法院王钟灵诉张子封欠租一案民事上诉案件登记表		四川高等法院	19470722	19471024	1		登记表	2－2	
四川省大邑县法院民事案件	002－002－0002－0003	002	002	1947	0002	0003	王钟灵诉张子封欠租上诉案案卷材料目录		四川高等法院	19470000	19470000	1		目录	3－3	
四川省大邑县法院民事案件	002－002－0002－0004	002	002	1947	0002	0004	四川新津县关于函送张子封王钟灵欠租案一审判决书公函		四川高等法院	19470721	19470721	1	四川高等法院	公函	4－4	
四川省大邑县法院民事案件	002－002－0002－0005	002	002	1947	0002	0005	王钟灵诉张子封欠租一案民事上诉状	具状人王钟灵		19470624	19470624	3	四川高等法院	上诉状	5－7	
四川省大邑县法院民事案件	002－002－0002－0006	002	002	1947	0002	0006	王钟灵缴纳缮状费代用司法印纸联单		四川新津县司法处	19470624	19470624	2		收据	8－9	

全宗名称	档号	全宗号	目录号	年度	案卷号	顺序号	文件题名	责任人	责任者	起始时间	终止时间	页数	受文者	文种	起止页码	文号
四川省大邑县法院民事案件	002—002—0002—0007	002	002	1947	0002	0007	四川新津县司法处关于王钟灵上诉案件民事裁定		四川新津县司法处	19470700	19470700	3		民事裁定	10—12	
四川省大邑县法院民事案件	002—002—0002—0008	002	002	1947	0002	0008	王钟灵关于缴纳上诉费用民事缴状			19470717	19470717	1		民事缴状	13—13	
四川省大邑县法院民事案件	002—002—0002—0009	002	002	1947	0002	0009	王钟灵租佃案件缴纳缮状费代用司法印纸联单		四川高等法院	19470717	19470717	2		收据	14—15	
四川省大邑县法院民事案件	002—002—0002—0010	002	002	1947	0002	0010	王钟灵欠租案民事上诉状副本			19470717	19470717	2	四川高等法院民事庭	上诉状	16—17	
四川省大邑县法院民事案件	002—002—0002—0011	002	002	1947	0002	0011	王钟灵诉张子封终止租约欠租案民事案件审理单		四川高等法院	19470821	19470821	1		审理单	18—18	
四川省大邑县法院民事案件	002—002—0002—0012	002	002	1947	0002	0012	四川高等法院民事第一庭关于受理王钟灵诉张子封终止租约欠租上诉案函请送达传票并签收送达证书		四川高等法院	19470731	19470731	1	四川新津县司法处	公函	19—19	信字第9155号
四川省大邑县法院民事案件	002—002—0002—0013	002	002	1947	0002	0013	四川新津县司法处书记室关于已送达传票并签收送达回证的公函		四川新津县司法处	19470815	19470815	1	四川高等法院	公函	20—20	民字第577号
四川省大邑县法院民事案件	002—002—0002—0014	002	002	1947	0002	0014	四川高等法院送达王钟灵、张子封传票的送达证书		四川高等法院	19470730	19470730	4		送达证书	21—24	
四川省大邑县法院民事案件	002—002—0002—0015	002	002	1947	0002	0015	王钟灵民事上诉状及上诉状副本			19470821	19470821	7	四川高等法院	上诉状	25—31	

全宗名称	档号	全宗号	目录号	年度	案卷号	顺序号	文件题名	责任人	责任者	起始时间	终止时间	页数	受文者	文种	起止页码	文号
四川省大邑县法院民事案件	002—002—0002—0016	002	002	1947	0002	0016	四川高等法院王钟灵诉张子封欠租上诉庭审笔录		四川高等法院	19470821	19470821	7		笔录	32—38	
四川省大邑县法院民事案件	002—002—0002—0017	002	002	1947	0002	0017	王钟灵上诉状及上诉状副本			19470800	19470800	4	四川高等法院	上诉状	39—42	
四川省大邑县法院民事案件	002—002—0002—0018	002	002	1947	0002	0018	关于支付食费旅费的民事声请			19470829	19470829	4	四川高等法院	民事声请	43—46	
四川省大邑县法院民事案件	002—002—0002—0019	002	002	1947	0002	0019	四川高等法院关于支付证人食费及旅费的通知书	书记官安承尧	四川高等法院民事第一庭	19470909	19470909	1		通知	47—47	
四川省大邑县法院民事案件	002—002—0002—0020	002	002	1947	0002	0020	四川高等法院关于函请送达通知书的公函		四川高等法院	19470912	19470912	1	四川新津县司法处	公函	48—48	信字第10812号
四川省大邑县法院民事案件	002—002—0002—0021	002	002	1947	0002	0021	四川新津县司法处送达通知书并签收送达证书的公函		四川新津县司法处书记室	19480925	19480925	1	四川高等法院	公函	49—49	
四川省大邑县法院民事案件	002—002—0002—0022	002	002	1947	0002	0022	送达杨等人通知书的送达证书		四川高等法院	19470909	19470909	1		送达证书	50—50	
四川省大邑县法院民事案件	002—002—0002—0023	002	002	1947	0002	0023	四川高等法院王钟灵张子封租佃上诉案宣示判决笔录		四川高等法院	19471024	19471024	1		笔录	51—51	
四川省大邑县法院民事案件	002—002—0002—0024	002	002	1947	0002	0024	四川高等法院王钟灵诉张子封欠租上诉案民事判决		四川高等法院	19470902	19470902	2		判决书	52—53	上字第1640号
四川省大邑县法院民事案件	002—002—0002—0025	002	002	1947	0002	0025	四川高等法院函请送达当事人判决书的公函		四川高等法院	19470915	19470915	1		公函	54—54	

全宗名称	档号	全宗号	目录号	年度	案卷号	顺序号	文件题名	责任人	责任者	起始时间	终止时间	页数	受文者	文种	起止页码	文号
四川省大邑县法院民事案件	002—002—0002—0026	002	002	1947	0002	0026	四川新津县司法处书记室关于已送达判决书并签收送达回证的公函		四川新津县司法处	19470925	19470925	1		公函	55—55	
四川省大邑县法院民事案件	002—002—0002—0027	002	002	1947	0002	0027	四川高等法院送达判决书的送达证书		四川高等法院	19470915	19470915	2		送达证书	56—57	
四川省大邑县法院民事案件	002—002—0002—0028	002	002	1947	0002	0028	张子封关于强制执行的民事声请			19471014	19471014	4	四川高等法院	民事声请	58—61	
四川省大邑县法院民事案件	002—002—0002—0029	002	002	1947	0002	0029	王钟灵关于终止租约民事上诉状			19471009	19471009	1	四川高等法院	民事上诉	62—62	
四川省大邑县法院民事案件	002—002—0002—0030	002	002	1947	0002	0030	王钟灵缴纳缮状费代用司法印纸联单		四川高等法院	19471009	19471009	1		收据	63—63	
四川省大邑县法院民事案件	002—002—0002—0031	002	002	1947	0002	0031	王钟灵前欠租民事上诉状副本			19471008	19471008	2	四川高等法院民一庭	副状	64—65	
四川省大邑县法院民事案件	002—002—0002—0032	002	002	1947	0002	0032	四川高等法院关于王钟灵诉张子封终止租约民事裁定	审判长推事宋维经		19471024	19471024	1		裁定	66—66	
四川省大邑县法院民事案件	002—002—0002—0033	002	002	1947	0002	0033	四川高等法院民一庭函请新津县司法处送达裁定书并签收送达证书		四川高等法院	19471104	19471104	1	四川新津县司法处	公函	67—67	
四川省大邑县法院民事案件	002—002—0002—0034	002	002	1947	0002	0034	四川新津县司法处书记室关于已送达裁定书并签收送达回证的公函		四川新津县司法处	19471104	19471104	1	四川高等法院	公函	68—68	民字第877号
四川省大邑县法院民事案件	002—002—0002—0035	002	002	1947	0002	0035	四川高等法院送达王钟灵裁定书的送达证书		四川高等法院	19471116	19471116	1		送达证书	69—69	

全宗名称	档号	全宗号	目录号	年度	案卷号	顺序号	文件题名	责任人	责任者	起始时间	终止时间	页数	受文者	文种	起止页码	文号
四川省大邑县法院民事案件	002—002—0002—0036	002	002	1947	0002	0036	一九六一年申请书①	申请人刘文全		19610518	19610518	1		申请书	70—70	
四川省大邑县法院民事案件	002—002—0003—0001	002	002	1947	0003	0001	四川高等法院王银山、王克和返还田产二审民事诉讼卷宗		四川高等法院	19470000	19470000	1		封面	1—1	民上字第710号
四川省大邑县法院民事案件	002—002—0003—0002	002	002	1947	0003	0002	四川高等法院王银山诉王克和返还田产民事上诉卷宗登记表		四川高等法院	19470421	19470421	1		登记表	2—2	民上字第710号
四川省大邑县法院民事案件	002—002—0003—0003	002	002	1947	0003	0003	四川高等法院王银山诉王克和返还田产民事上诉案卷宗目录		四川高等法院	19470000	19470000	2		目录	3—4	
四川省大邑县法院民事案件	002—002—0003—0004	002	002	1947	0003	0004	四川新津县司法处函送王银山、王克和一审案卷材料至四川高等法院公函		四川新津县司法处	19460419	19460419	1		公函	5—5	诉字第101号
四川省大邑县法院民事案件	002—002—0003—0005	002	002	1947	0003	0005	王银山诉王克和民事上诉状			19470313	19470313	4		民事上诉状	6—9	
四川省大邑县法院民事案件	002—002—0003—0006	002	002	1947	0003	0006	新津县司法处王银山声请上诉上诉费代用司法印纸联单		四川新津县司法处	19470313	19470313	1		收据	10—10	非字第36号
四川省大邑县法院民事案件	002—002—0003—0007	002	002	1947	0003	0007	新津县司法处王银山声请上诉缮状费代用司法印纸联单		四川新津县司法处	19470313	19470313	1		收据	11—11	缮字第266号

① 此为档案原文，具体见本书后记。

全宗名称	档号	全宗号	目录号	年度	案卷号	顺序号	文件题名	责任人	责任者	起始时间	终止时间	页数	受文者	文种	起止页码	文号
四川省大邑县法院民事案件	002—002—0003—0008	002	002	1947	0003	0008	四川新津县司法处王银山上诉案民事裁定	主任审判官王〇〇	四川司法处民事庭	19470300	19470300	1		裁定	12—12	
四川省大邑县法院民事案件	002—002—0003—0009	002	002	1947	0003	0009	四川新津县司法处为返还田产上诉一案王克和上诉副状送达证书		四川新津县司法处	19470603	19470603	1		送达证书	13—13	
四川省大邑县法院民事案件	002—002—0003—0010	002	002	1947	0003	0010	四川新津县司法处为返还田产上诉一案王银山裁定书送达证书		四川新津县司法处	19470603	19470603	1		送达证书	14—14	
四川省大邑县法院民事案件	002—002—0003—0011	002	002	1947	0003	0011	王银山诉王克和上诉一案民事缴状及缴纳费用司法代用印纸联单		四川高等法院	19470403	19470403	7		民事缴状	15—21	
四川省大邑县法院民事案件	002—002—0003—0012	002	002	1947	0003	0012	王银山诉王克和上诉一案民事案件审理单		四川高等法院	19470423	19470423	1		审理单	22—22	
四川省大邑县法院民事案件	002—002—0003—0013	002	002	1947	0003	0013	四川高等法院第二庭受理王银山诉王克和返还田产上诉案件开庭辩论传票函请新津县司法处送达并签收送达回证		四川高等法院	19470424	19470424	1		公函	23—23	民丑字第4541号
四川省大邑县法院民事案件	002—002—0003—0014	002	002	1947	0003	0014	四川新津县司法处已派员送达开庭传票并签收送达回证的公函		四川新津县司法处	19470414	19470424	1		公函	24—24	诉字第159号

全宗名称	档号	全宗号	目录号	年度	案卷号	顺序号	文件题名	责任人	责任者	起始时间	终止时间	页数	受文者	文种	起止页码	文号
四川省大邑县法院民事案件	002－002－0003－0015	002	002	1947	0003	0015	四川高等法院王银山、王克和开庭传票送达证书		四川高等法院	19470423	19470423	2		送达证书	25－26	
四川省大邑县法院民事案件	002－002－0003－0016	002	002	1947	0003	0016	王克和诉王银山返还田产上诉案民事诉状			19470519	19470519	5		民事诉状	27－31	
四川省大邑县法院民事案件	002－002－0003－0017	002	002	1947	0003	0017	王银山民事上诉状	具状人王银山		19470521	19470521	7		民事上诉状	31－37	
四川省大邑县法院民事案件	002－002－0003－0018	002	002	1947	0003	0018	王银山委任张宣猷律师为代理人的民事委任状	具状人王银山		19470521	19470521	5		委任状	37－41	
四川省大邑县法院民事案件	002－002－0003－0019	002	002	1947	0003	0019	四川高等法院民二庭王银山上诉案件点名单		四川高等法院	19470523	19470523	1		名单	42－42	
四川省大邑县法院民事案件	002－002－0003－0020	002	002	1947	0003	0020	王银山上诉案言词辩论笔录	书记官蒋显慧	四川高等法院	19470323	19470323	4		笔录	43－46	
四川省大邑县法院民事案件	002－002－0003－0021	002	002	1947	0003	0021	四川高等法院案卷结文		四川高等法院	19470000	19470000	1		结文	47－47	
四川省大邑县法院民事案件	002－002－0003－0022	002	002	1947	0003	0022	王银山上诉王克和返还田产案件宣示判决笔录	书记官蒋显慧	四川高等法院	19470528	19470528	1		笔录	48－48	
四川省大邑县法院民事案件	002－002－0003－0023	002	002	1947	0003	0023	四川高等法院王银山诉王克和返还田产案件民事判决书	审判长推事王敬信	四川高等法院	19470528	19470528	2		判决书	49－50	
四川省大邑县法院民事案件	002－002－0003－0024	002	002	1947	0003	0024	四川高等法院函请新津县司法处送达二审判决书并签收送达回证的公函		四川高等法院	19470603	19470603	1	四川新津县司法处	公函	51－51	

全宗名称	档号	全宗号	目录号	年度	案卷号	顺序号	文件题名	责任人	责任者	起始时间	终止时间	页数	受文者	文种	起止页码	文号
四川省大邑县法院民事案件	002—002—0003—0025	002	002	1947	0003	0025	四川新津县司法处书记室关于王银山诉王克和因返还田产事件已经送二审判决书并签收送达回证的公函		四川新津县司法处	19470620	19470620	1	四川高等法院	公函	52—52	
四川省大邑县法院民事案件	002—002—0003—0026	002	002	1947	0003	0026	王银山、王克和二审判决书送达回证		四川高等法院	19470603	19470603	2		送达证书	53—54	
四川省大邑县法院民事案件	002—002—0003—0027	002	002	1947	0003	0027	法院文卷保存期限规程摘录		四川高等法院	19470202	19470202	1		表	55—55	
四川省大邑县法院民事案件	002—002—0003—0028	002	002	1947	0003	0028	王银山返还田产上诉案缴纳诉讼费用登记表		四川新津县司法处	19471119	19471119	1		表	56—56	
四川省大邑县法院民事案件	002—002—0003—0029	002	002	1947	0003	0029	本卷宗连同卷面卷底及目录共计三十九页		四川新津县司法处	19470000	19470000	1		说明	57—57	
四川省大邑县法院民事案件	002—002—0003—0030	002	002	1947	0003	0030	王克和诉王银山返还田产案民事诉状			19461119	19461119	5		诉状	58—62	
四川省大邑县法院民事案件	002—002—0003—0031	002	002	1947	0003	0031	新津县司法处王克和缴纳诉讼费、裁判费代用司法印纸联单		四川新津县司法处	19471119	19471119	2		收据	63—64	
四川省大邑县法院民事案件	002—002—0003—0032	002	002	1947	0003	0032	王克和、王银山诉讼副状、传票送达证书		四川新津县司法处	19461120	19461120	2		送达证书	65—66	诉字第181号
四川省大邑县法院民事案件	002—002—0003—0033	002	002	1947	0003	0033	四川新津县司法处民庭点名单		四川新津县司法处	19461202	19461202	1		点名单	67—67	

全宗名称	档号	全宗号	目录号	年度	案卷号	顺序号	文件题名	责任人	责任者	起始时间	终止时间	页数	受文者	文种	起止页码	文号
四川省大邑县法院民事案件	002—002—0003—0034	002	002	1947	0003	0034	王克和、王银山返还田产案件审判笔录		四川新津县司法处	19471202	19471202	1		笔录	68—68	
四川省大邑县法院民事案件	002—002—0003—0035	002	002	1947	0003	0035	王克和关于因不可抗力要求延期开庭的声请书			19461130	19461130	3	四川新津县司法处	声请书	69—71	
四川省大邑县法院民事案件	002—002—0003—0036	002	002	1947	0003	0036	王银山缴纳缮状费代用司法印纸联单		四川新津县司法处	19461130	19461130	2		收据	72—73	
四川省大邑县法院民事案件	002—002—0003—0037	002	002	1947	0003	0037	王银山关于返还田产案民事答辩状	具状人王银山		19461204	19461204	6	四川高等法院	答辩状	74—79	
四川省大邑县法院民事案件	002—002—0003—0038	002	002	1947	0003	0038	新津县司法处王银山辩诉缮状费代用司法印纸联单		四川新津县司法处	19461204	19461204	1		收据	80—80	缮字第236号
四川省大邑县法院民事案件	002—002—0003—0039	002	002	1947	0003	0039	王克和等人关于追加起诉理由的起诉状			19461200	19461200	3	四川新津县司法处	起诉状	81—83	
四川省大邑县法院民事案件	002—002—0003—0040	002	002	1947	0003	0040	王克和追加理由缴纳缮状费代用司法印纸联单		四川新津县司法处	19461205	19461205	1		收据	84—84	缮字第242号
四川省大邑县法院民事案件	002—002—0003—0041	002	002	1947	0003	0041	四川新津县司法处王银山、王克江开庭传票送达证书		四川新津县司法处	19461211	19461211	1		送达证书	85—85	诉字第181号
四川省大邑县法院民事案件	002—002—0003—0042	002	002	1947	0003	0042	四川新津县司法处民庭点名单		四川新津县司法处	19461202	19461202	1		单名单	87—87	
四川省大邑县法院民事案件	002—002—0003—0043	002	002	1947	0003	0043	王银山上诉理由	具状人王银山		19470520	19470520	2		上诉状	88—89	

全宗名称	档号	全宗号	目录号	年度	案卷号	顺序号	文件题名	责任人	责任者	起始时间	终止时间	页数	受文者	文种	起止页码	文号
四川省大邑县法院民事案件	002—002—0003—0044	002	002	1947	0003	0044	王银山、王克和返还田产案审讯笔录		四川新津县司法处民事第二庭	19461220	19461220	2		笔录	90—91	
四川省大邑县法院民事案件	002—002—0003—0045	002	002	1947	0003	0045	新津县司法处王克和王银山返还田产纠纷宣示判决笔录		四川新津县司法处	19461229	19461229	1		笔录	92—92	
四川省大邑县法院民事案件	002—002—0003—0046	002	002	1947	0003	0046	四川新津县司法处民事判决书		四川新津县司法处	19461230	19461230	2		判决书	93—94	诉字第181号
四川省大邑县法院民事案件	002—002—0003—0047	002	002	1947	0003	0047	王银山为补呈经实情恳予鉴核主夺依法裁判驳回原告之诉	具状人王银山		19471229	19471229	3	四川新津县司法处	呈	95—97	
四川省大邑县法院民事案件	002—002—0003—0048	002	002	1947	0003	0048	新津县司法处王银山补充呈请缴纳缮状费代用司法印纸联单		四川新津县司法处	19461230	19461230	1		收据	98—98	缮字第124号
四川省大邑县法院民事案件	002—002—0003—0049	002	002	1947	0003	0049	新津县司法处王银山、王克和送达判决书送达证书		四川新津县司法处	19470309	19470309	2		送达证书	99—100	
四川省大邑县法院民事案件	002—002—0004—0001	002	002	1947	0004	0001	王银山、王克和返还田产上诉案登记表		四川高等法院	19470421	19470421	1		登记表	1—1	诉字第710号
四川省大邑县法院民事案件	002—002—0004—0002	002	002	1947	0004	0002	四川新津县法院张子封诉王钟灵欠租案第一审民事诉讼卷宗封面		四川新津县人民法院	19470000	19470000	1		封面	2—2	

全宗名称	档号	全宗号	目录号	年度	案卷号	顺序号	文件题名	责任人	责任者	起始时间	终止时间	页数	受文者	文种	起止页码	文号
四川省大邑县法院民事案件	002—002—0004—0003	002	002	1947	0004	0003	张子封诉王钟灵欠租案民事卷宗目录		四川省新津县人民法院	19470000	19470000	1		目录	3—3	
四川省大邑县法院民事案件	002—002—0004—0004	002	002	1947	0004	0004	张子封一审诉状			19470521	19470521	4	四川新津县司法处	诉状	4—7	
四川省大邑县法院民事案件	002—002—0004—0005	002	002	1947	0004	0005	新津县司法处张子封缴纳裁判费代用司法印纸联单		四川新津县司法处	19470502	19470502	1		收据	8—8	审字第18号
四川省大邑县法院民事案件	002—002—0004—0006	002	002	1947	0004	0006	新津县司法处张子封缴纳缮状费代用司法印纸联单		四川新津县司法处	19470502	19470502	1		收据	9—9	缮字第217号
四川省大邑县法院民事案件	002—002—0004—0007	002	002	1947	0004	0007	张子封为抄呈佃户王钟灵佃约及保证人王志宁函请予鉴核备查事录	具状人张子封		19470514	19470514	7	四川新津县司法处	证据	10—16	
四川省大邑县法院民事案件	002—002—0004—0008	002	002	1947	0004	0008	张子封抄呈佃约缴纳缮状费代用司法印纸联单		四川新津县司法处	19470514	19470514	1		收据	17—17	缮字第304号
四川省大邑县法院民事案件	002—002—0004—0009	002	002	1947	0004	0009	王钟灵为依法声请展限给假一周恳予另票示期审讯以维诉讼	具状人王钟灵		19470500	19470500	4	四川新津县司法处	民事展状	18—21	
四川省大邑县法院民事案件	002—002—0004—0010	002	002	1947	0004	0010	新津县司法处王钟灵声请展限缴纳声请费用代用司法印纸联单		四川新津县司法处	19470513	19470513	1		收据	22—22	

全宗名称	档号	全宗号	目录号	年度	案卷号	顺序号	文件题名	责任人	责任者	起始时间	终止时间	页数	受文者	文种	起止页码	文号
四川省大邑县法院民事案件	002—002—0004—0011	002	002	1947	0004	0011	王钟灵缴纳声请展限缮状费代用司法印纸联单		四川新津县司法处	19470513	19470513	1		收据	23—23	缮字第298号
四川省大邑县法院民事案件	002—002—0004—0012	002	002	1947	0004	0012	新津县司法处王钟灵、张子封开庭传票送达证书		四川新津县司法处	19470508	19470508	2		送达证书	24—25	
四川省大邑县法院民事案件	002—002—0004—0013	002	002	1947	0004	0013	新津县司法处张子封诉王钟灵欠租开庭点名单		四川新津县司法处	19470515	19470515	1		点名单	26—26	
四川省大邑县法院民事案件	002—002—0004—0014	002	002	1947	0004	0014	新津县司法处张子封王钟灵欠租案庭审笔录		四川新津县司法处	19470515	19470515	2		笔录	27—28	
四川省大邑县法院民事案件	002—002—0004—0015	002	002	1947	0004	0015	王钟灵民事答辩状	具状人王钟灵		19470500	19470500	7		答辩状	29—35	
四川省大邑县法院民事案件	002—002—0004—0016	002	002	1947	0004	0016	新津县司法处王钟灵缴纳答辩状缮状费代用司法印纸联单		四川新津县司法处	19470519	19470519	1		收据	36—36	缮字第329号
四川省大邑县法院民事案件	002—002—0004—0017	002	002	1947	0004	0017	张子封民事委任状	具状人张子封		19470500	19470500	4	四川新津县司法处	委任状	37—40	
四川省大邑县法院民事案件	002—002—0004—0018	002	002	1947	0004	0018	新津县司法处张子封诉王钟灵欠租一案点名单		四川新津县司法处	19470529	19470529	1		点名单	41—41	
四川省大邑县法院民事案件	002—002—0004—0019	002	002	1947	0004	0019	王钟灵、张子封返还租米开庭传票送达证书		四川新津县司法处	19470522	19470522	2		送达证书	42—43	
四川省大邑县法院民事案件	002—002—0004—0020	002	002	1947	0004	0020	新津县司法处王钟灵、张子封欠租一案开庭笔录		四川新津县司法处民事庭	19470529	19470529	10		笔录	44—53	

全宗名称	档号	全宗号	目录号	年度	案卷号	顺序号	文件题名	责任人	责任者	起始时间	终止时间	页数	受文者	文种	起止页码	文号
四川省大邑县法院民事案件	002—002—0004—0021	002	002	1947	0004	0021	张子封诉王钟灵欠租案宣判笔录		四川新津县司法处	19470601	19470601	2		笔录	54—55	
四川省大邑县法院民事案件	002—002—0004—0022	002	002	1947	0004	0022	新津县司法处张子封诉王钟灵欠租一案判决书		四川新津县司法处民事庭	19470601	19470601	3		判决书	56—58	
四川省大邑县法院民事案件	002—002—0004—0023	002	002	1947	0004	0023	张子封为追加请求恳予调卷以自核判事	具状人张子封		19470500	19470500	3		声请书	59—61	
四川省大邑县法院民事案件	002—002—0005—0001	002	002	1947	0005	0001	四川新津县杨丹五诉杨焕廷返还典田第一审民事诉讼卷宗封面		四川新津县人民法院	19470000	19470000	1		封面	1—1	
四川省大邑县法院民事案件	002—002—0005—0002	002	002	1947	0005	0002	四川新津县司法处杨丹五、杨焕廷返还典田案件登记表	审判官王镇、书记官梁芷周	四川新津县司法处	19471213	19471213	1		表	2—2	
四川省大邑县法院民事案件	002—002—0005—0003	002	002	1947	0005	0003	杨丹五诉杨焕廷返还典田卷宗目录		四川新津县司法处	19470000	19470000	2		目录	3—4	
四川省大邑县法院民事案件	002—002—0005—0004	002	002	1947	0005	0004	杨丹五起诉书及佃约、借约	具状人杨丹五		19471212	19471212	6	四川新津县司法处	诉状、证据材料	5—10	
四川省大邑县法院民事案件	002—002—0005—0005	002	002	1947	0005	0005	杨丹五缴纳缮状费以及裁判费代用司法印纸联单		四川新津县司法处	19471212	19471212	2		收据	11—12	缮字第1446号
四川省大邑县法院民事案件	002—002—0005—0006	002	002	1947	0005	0006	杨丹五、杨焕廷起诉状副本与传票送达证书		四川新津县司法处	19471215	19471215	2		送达证书	13—14	
四川省大邑县法院民事案件	002—002—0005—0007	002	002	1947	0005	0007	杨焕廷民事答辩状	具状人杨焕廷		19471222	19471222	3		答辩状	15—17	

全宗名称	档号	全宗号	目录号	年度	案卷号	顺序号	文件题名	责任人	责任者	起始时间	终止时间	页数	受文者	文种	起止页码	文号
四川省大邑县法院民事案件	002—002—0005—0008	002	002	1947	0005	0008	新津县司法处杨焕廷缴纳缮状费代用司法印纸联单		四川新津县司法处	19371223	19371223	1		收据	18—18	缮字第1522号
四川省大邑县法院民事案件	002—002—0005—0009	002	002	1947	0005	0009	杨丹五为补充理由并请宣告假执行民事补状及邹洪星佃约退佃约	具状人杨丹五		19471222	19471222	5	新津县司法处	补充答辩状	19—23	
四川省大邑县法院民事案件	002—002—0005—0010	002	002	1947	0005	0010	新津县司法处杨丹五缴纳缮状费代用司法印纸联单		四川新津县司法处	19471222	19471222	1		收据	24—24	缮字第1572号
四川省大邑县法院民事案件	002—002—0005—0011	002	002	1947	0005	0011	四川新津县司法处民庭点名单		四川新津县司法处	19471224	19471224	1		单名单	25—25	
四川省大邑县法院民事案件	002—002—0005—0012	002	002	1947	0005	0012	新津县司法处杨丹五诉杨焕廷解除租约案庭审笔录		四川新津县司法处	19471224	19471224	3		笔录	26—28	
四川省大邑县法院民事案件	002—002—0005—0013	002	002	1947	0005	0013	四川新津县司法处杨丹五诉杨焕廷返还所当田业案判决书	审判长王镇	四川新津县司法处	19471227	19471227	3		判决	29—31	诉字第90号
四川省大邑县法院民事案件	002—002—0005—0014	002	002	1947	0005	0014	杨丹五为自为补充请恳祈对被告杨焕廷种青苗判令执行民事补状	具状人杨丹五		19471226	19471226	4	四川新津县司法处	补充诉状	32—35	
四川省大邑县法院民事案件	002—002—0005—0015	002	002	1947	0005	0015	杨丹五缴纳缮状费代用司法印纸联单		四川新津县司法处	19471226	19471226	1		收据	36—36	缮字第1533号

全宗名称	档号	全宗号	目录号	年度	案卷号	顺序号	文件题名	责任人	责任者	起始时间	终止时间	页数	受文者	文种	起止页码	文号
四川省大邑县法院民事案件	002—002—0005—0016	002	002	1947	0005	0016	新津县司法处杨焕廷、杨丹五判决书送达证书		四川新津县司法处	19471230	19471230	2		送达证书	37—38	
四川省大邑县法院民事案件	002—002—0005—0017	002	002	1947	0005	0017	杨焕廷、杨丹五水田纠纷案案件受理登记表		四川新津县司法处	19480709	19480709	1		表	39—39	
四川省大邑县法院民事案件	002—002—0005—0018	002	002	1947	0005	0018	四川高等法院函请最高法院书记室抗告案件函送卷宗证据		四川高等法院民事第一庭	19480703	19480703	1		公函	40—40	民信字第7307号
四川省大邑县法院民事案件	002—002—0005—0019	002	002	1947	0005	0019	杨焕廷案件函送证据清单		四川新津县司法处	19470000	19470000	1		清单	41—41	
四川省大邑县法院民事案件	002—002—0005—0020	002	002	1947	0005	0020	杨焕廷关于杨丹五典田案件民事抗告书	具状人杨焕廷		19480518	19480518	7	四川高等法院民一庭	抗告书	42—48	
四川省大邑县法院民事案件	002—002—0005—0021	002	002	1947	0005	0021	杨丹五为压田被夺缠讼年余田谷霸侵生计陷绝恳祈速即裁定声请书	具状人杨丹五		19490315	19490615	11	四川高等法院民一庭	声请书	49—59	
四川省大邑县法院民事案件	002—002—0005—0022	002	002	1947	0005	0022	最高法院书记厅杨焕廷、杨丹五水田抗告案查询单		最高法院书记厅	19480923	19480923	1		查询单	60—60	
四川省大邑县法院民事案件	002—002—0005—0023	002	002	1947	0005	0023	杨丹五为缠讼难结情实不堪恳祈速予批回民事声请书	具状人杨丹五		19481018	19481018	7	四川高等法院	声请书	61—67	

全宗名称	档号	全宗号	目录号	年度	案卷号	顺序号	文件题名	责任人	责任者	起始时间	终止时间	页数	受文者	文种	起止页码	文号
四川省大邑县法院民事案件	002—002—0006—0001	002	002	1947	0006	0001	四川大邑县人民法院曹绍贤执行异议之诉第一审民事诉讼卷宗封面		四川省大邑县人民法院	19470000	19470000	1		封面	1—1	
四川省大邑县法院民事案件	002—002—0006—0002	002	002	1947	0006	0002	曹绍贤执行异议之诉案件登记表	审判长王镇、书记官梁芷周	四川新津县司法处	19471104	19471104	1		表	2—2	
四川省大邑县法院民事案件	002—002—0006—0003	002	002	1947	0006	0003	曹绍贤执行异议之诉卷宗目录		四川新津县司法处	19470000	19470000	2		目录	3—4	
四川省大邑县法院民事案件	002—002—0006—0004	002	002	1947	0006	0004	杜赵氏诉曹绍贤执行异议之诉民事诉状	具状人杜赵氏		19471100	19471100	5	四川新津县司法处	诉状	5—9	
四川省大邑县法院民事案件	002—002—0006—0005	002	002	1947	0006	0005	杜赵氏缴纳缮状费代用司法印纸联单		四川新津县司法处	19471003	19471003	1		收据	10—10	缮字第1246号
四川省大邑县法院民事案件	002—002—0006—0006	002	002	1947	0006	0006	为据实证明杜赵氏实无能力缴纳裁判费恳予诉讼救助事		城厢镇长杨绍宗	19471100	19471100	2	四川新津县司法处	呈	11—12	
四川省大邑县法院民事案件	002—002—0006—0007	002	002	1947	0006	0007	杜赵氏、杜郑氏为声请准予诉讼救助事民事声请书	具状人杜赵氏、郑杜氏		19471100	19471100	5	四川新津县司法处	声请书	13—17	
四川省大邑县法院民事案件	002—002—0006—0008	002	002	1947	0006	0008	新津县司法处杜赵氏缴纳缮状费代用司法印纸联单		四川新津县司法处	19471119	19471119	1		收据	18—18	缮字第1393号

全宗名称	档号	全宗号	目录号	年度	案卷号	顺序号	文件题名	责任人	责任者	起始时间	终止时间	页数	受文者	文种	起止页码	文号
四川省大邑县法院民事案件	002—002—0006—0009	002	002	1947	0006	0009	新津县司法处给付赡养费执行案件登记表		四川新津县司法处	19470703	19470703	1	四川新津县司法处	表	19—19	
四川省大邑县法院民事案件	002—002—0006—0010	002	002	1947	0006	0010	新津县司法处曹绍贤执行异议卷宗目录		四川新津县司法处	19470000	19470000	2		目录	20—21	
四川省大邑县法院民事案件	002—002—0006—0011	002	002	1947	0006	0011	曹绍贤为再恳减价拍卖以清偿维持生计民事声请书	具状人曹绍贤		19470700	19470700	3	四川新津县司法处	民事声请	22—24	
四川省大邑县法院民事案件	002—002—0006—0012	002	002	1947	0006	0012	新津县司法处查执行杜伯馀财产宣示拍卖经过期间减价拍卖的布告		四川新津县司法处	19470704	19470704	1		布告	25—25	
四川省大邑县法院民事案件	002—002—0006—0013	002	002	1947	0006	0013	曹绍贤诉杜伯馀为二次减价无人认买声请依法准许减价额转移所有声请书	具状人曹绍贤		19470700	19470700	3	四川新津县司法处	声请书	26—28	
四川省大邑县法院民事案件	002—002—0006—0014	002	002	1947	0006	0014	曹绍贤为再请减价宣示拍卖拨价换购白米抵偿事情民事声请书	具状人曹绍贤		19470700	19470700	3	四川新津县司法处	声请书	29—31	
四川省大邑县法院民事案件	002—002—0006—0015	002	002	1947	0006	0015	四川新津县司法处关于减价查封拍卖布告稿	审判官王镇、书记官梁芷周	四川新津县司法处	19470700	19470700	3		布告	32—34	

全宗名称	档号	全宗号	目录号	年度	案卷号	顺序号	文件题名	责任人	责任者	起始时间	终止时间	页数	受文者	文种	起止页码	文号
四川省大邑县法院民事案件	002—002—0006—0016	002	002	1947	0006	0016	曹绍贤为减价无人认买在此声请依法准许定价抵额转移所有权声请书	具状人曹绍贤		19470700	19470700	4	四川新津县司法处	声请书	35—38	
四川省大邑县法院民事案件	002—002—0006—0017	002	002	1947	0006	0017	四川高等法院民事上诉卷宗登记表		四川高等法院	19470000	19470000	1		表	39—39	
四川省大邑县法院民事案件	002—002—0006—0018	002	002	1947	0006	0018	曹绍贤上诉案四川高等法院卷宗目录		四川高等法院	19470000	19470000	3		目录	40—42	
四川省大邑县法院民事案件	002—002—0006—0019	002	002	1947	0006	0019	四川新津县司法处呈为呈送声请杜赵氏等上诉卷宗祈查收核鉴由		四川新津县司法处	19480909	19480909	1	四川高等法院院长苏	呈	43—43	上字第167号
四川省大邑县法院民事案件	002—002—0006—0020	002	002	1947	0006	0020	杜赵氏等人为声明不服状恳检卷深松以资救济民事声明书	具状人杜赵氏、郑杜氏		19470903	19470903	4	四川高等法院	声明书	44—47	
四川省大邑县法院民事案件	002—002—0006—0021	002	002	1947	0006	0021	曹绍贤上诉副状送达证书		四川新津县司法处	19480904	19480904	1		送达证书	48—48	
四川省大邑县法院民事案件	002—002—0006—0022	002	002	1947	0006	0022	四川高等法院关于杜赵氏等人与曹绍贤上诉案受理清单		四川高等法院	19481018	19481018	1		审理单	49—49	
四川省大邑县法院民事案件	002—002—0006—0023	002	002	1947	0006	0023	四川高等法院第一庭受理杜赵氏与曹绍贤妨害权利上诉案函请新津县司法处填发送达传票并签收送达证书		四川高等法院	19480925	19480925	1		公函	50—50	智字第11055号

全宗名称	档号	全宗号	目录号	年度	案卷号	顺序号	文件题名	责任人	责任者	起始时间	终止时间	页数	受文者	文种	起止页码	文号
四川省大邑县法院民事案件	002—002—0006—0024	002	002	1947	0006	0024	曹绍贤关于上诉诉状答辩状	具状人曹绍贤、代理人曹苏氏		19480907	19480907	5	四川高等法院	答辩状	51—55	
四川省大邑县法院民事案件	002—002—0006—0025	002	002	1947	0006	0025	四川高等法院民一庭杜赵氏、曹绍贤侵害权利案件点名单		四川高等法院	19480000	19480000	1		单名单	56—56	
四川省大邑县法院民事案件	002—002—0006—0026	002	002	1947	0006	0026	四川高等法院曹绍贤上诉案庭审笔录	书记官廖正中	四川高等法院	19481018	19481018	4		笔录	57—60	
四川省大邑县法院民事案件	002—002—0006—0027	002	002	1947	0006	0027	曹绍贤为因执行异议时间内与杜伯馀等涉讼案民事委任状	具状人曹绍贤		19481018	19481018	3	四川高等法院书记官谢纯义	委任状	61—63	
四川省大邑县法院民事案件	002—002—0006—0028	002	002	1947	0006	0028	杜赵氏、郑杜氏为与曹绍贤妨害权利实践状恳予展延审期另传事	具状人杜赵氏、郑杜氏		19481017	19481017	5	四川高等法院民一庭	声请书	64—68	
四川省大邑县法院民事案件	002—002—0006—0029	002	002	1947	0006	0029	杜赵氏、郑杜氏为患病未愈状恳准予展延审讯日期容再遵传讯事	具状人杜赵氏、郑杜氏		19481015	19481015	6	四川高等法院	声请书	69—74	
四川省大邑县法院民事案件	002—002—0006—0030	002	002	1947	0006	0030	四川新津县司法处关于妨害权利上诉一案公函		四川新津县司法处	19481014	19481014	1		公函	75—75	
四川省大邑县法院民事案件	002—002—0006—0030	002	002	1947	0006	0030	四川高等法院曹绍贤、杜赵氏、郑杜氏传票送达证书		四川高等法院	19481015	19481015	2		送达证书	76—77	

全宗名称	档号	全宗号	目录号	年度	案卷号	顺序号	文件题名	责任人	责任者	起始时间	终止时间	页数	受文者	文种	起止页码	文号
四川省大邑县法院民事案件	002—002—0006—0031	002	002	1947	0006	0031	四川高等法院曹绍贤、杜赵氏、郑杜氏妨害权利案件民事审理单		四川高等法院	19481021	19481021	1		审理单	78—78	
四川省大邑县法院民事案件	002—002—0006—0032	002	002	1947	0006	0032	四川高等法院函请新津县司法处送达传票并签收送达回证的公函		四川高等法院	19481130	19481130	1	四川新津县司法处	公函	79—79	智字第12598号
四川省大邑县法院民事案件	002—002—0006—0033	002	002	1947	0006	0033	四川高等法院通知书及传票送达证书		四川高等法院	19481102	19481102	2		送达证书	80—81	
四川省大邑县法院民事案件	002—002—0006—0034	002	002	1947	0006	0034	四川新津县司法处关于既已送达曹绍贤、杜赵氏等人开庭传票并签收送达回证的公函		四川新津县司法处	19481115	19481115	1	四川高等法院	公函	82—82	民字第37号
四川省大邑县法院民事案件	002—002—0006—0035	002	002	1947	0006	0035	四川高等法院杜赵氏、郑杜氏开庭传票送达证书		四川高等法院	19481106	19481106	1		送达证书	83—83	
四川省大邑县法院民事案件	002—002—0006—0036	002	002	1947	0006	0036	四川高等法院郑杜氏、曹绍贤等人上诉案件民一庭点名单		四川高等法院	19481100	19481100	1		点名单	84—84	
四川省大邑县法院民事案件	002—002—0006—0037	002	002	1947	0006	0037	四川高等法院郑杜氏、曹绍贤等人上诉案件言辞辩论笔录		四川高等法院	19481119	19481119	4		笔录	85—88	
四川省大邑县法院民事案件	002—002—0006—0037	002	002	1947	0006	0037	杜赵氏、郑杜氏、杜伯馀民事上诉状	具状人杜赵氏		19481118	19481118	5	四川高等法院民一庭	上诉状	89—93	

全宗名称	档号	全宗号	目录号	年度	案卷号	顺序号	文件题名	责任人	责任者	起始时间	终止时间	页数	受文者	文种	起止页码	文号
四川省大邑县法院民事案件	002—002—0006—0038	002	002	1947	0006	0038	四川高等法院民事第一庭函请新津县司法处检送曹绍贤、杜赵氏妨害权利一审卷宗		四川高等法院民事第一庭	19481126	19481126	1	四川新津县司法处	公函	94—94	民智字第13550号
四川省大邑县法院民事案件	002—002—0006—0039	002	002	1947	0006	0039	四川新津县司法处为准予检送曹绍贤与杜伯馀赡养费执行卷宗希照查收		四川新津县司法处	19481203	19481203	2	四川高等法院	公函	95—96	民字第62号
四川省大邑县法院民事案件	002—002—0006—0040	002	002	1947	0006	0040	四川高等法院杜赵氏、曹绍贤上诉案民事案件审理单		四川高等法院	19481209	19481209	1		点名单	97—97	
四川省大邑县法院民事案件	002—002—0006—0041	002	002	1947	0006	0041	四川高等法院函请新津县司法处送达开庭传票并签收送达证书		四川高等法院民事第一庭	19481215	19481215	1	四川新津县司法处	公函	98—98	智字第14277号
四川省大邑县法院民事案件	002—002—0006—0042	002	002	1947	0006	0042	四川高等法院曹绍贤开庭传票送达证书		四川高等法院	19481220	19481220	1		送达证书	99—99	
四川省大邑县法院民事案件	002—002—0006—0043	002	002	1947	0006	0043	杜赵氏、郑杜氏为委任赵树荣为代理人的委任状	具状人杜赵氏		19481200	19481200	4	四川高等法院	委任状	100—103	
四川省大邑县法院民事案件	002—002—0006—0044	002	002	1947	0006	0044	四川高等法院民一庭点名单		四川高等法院	19480000	19480000	1		单名单	104—104	
四川省大邑县法院民事案件	002—002—0006—0045	002	002	1947	0006	0045	郑杜氏、杜赵氏与曹绍贤言词辩论笔录		四川高等法院民一庭	19481231	19481231	5		笔录	105—109	

全宗名称	档号	全宗号	目录号	年度	案卷号	顺序号	文件题名	责任人	责任者	起始时间	终止时间	页数	受文者	文种	起止页码	文号
四川省大邑县法院民事案件	002—002—0006—0046	002	002	1947	0006	0046	四川新津县司法处已按要求送达传票并签收讼案回证		四川新津县司法处	19481229	19481229	1	四川高等法院民一庭	公函	110—110	
四川省大邑县法院民事案件	002—002—0006—0047	002	002	1947	0006	0047	杜赵氏、郑杜氏传票送达证书		四川高等法院	19481223	19481223	1		送达证书	111—111	
四川省大邑县法院民事案件	002—002—0006—0048	002	002	1947	0006	0048	杜赵氏、曹绍贤妨害权利上诉案宣示判决笔录	书记官谢纯义、审判长金镛	四川高等法院	19490105	19490105	1		笔录	112—112	
四川省大邑县法院民事案件	002—002—0006—0049	002	002	1947	0006	0049	郑杜氏、曹绍贤妨害权利上诉案四川高等法院民事判决书	审判长金镛	四川高等法院民一庭	19490100	19490100	3		判决书	113—115	
四川省大邑县法院民事案件	002—002—0006—0050	002	002	1947	0006	0050	四川高等法院民一庭函请新津县司法处送达郑杜氏、曹绍贤判决书并相应签收送达证书		四川高等法院民一庭	19490221	19490221	1	四川新津县司法处	公函	116—116	
四川省大邑县法院民事案件	002—002—0006—0051	002	002	1947	0006	0051	四川高等法院曹绍贤送达判决书正本送达证书		四川高等法院	19490217	19490217	1		送达证书	117—117	
四川省大邑县法院民事案件	002—002—0006—0052	002	002	1947	0006	0052	四川新津县司法处已送达判决书并相应签收送达证书请查照为荷		四川新津县司法处	19490303	19490303	1	四川高等法院	公函	118—118	
四川省大邑县法院民事案件	002—002—0006—0053	002	002	1947	0006	0053	郑杜氏、杜伯馀判决书正本送达证书		四川高等法院	19490217	19490217	1		送达证书	119—119	

全宗名称	档号	全宗号	目录号	年度	案卷号	顺序号	文件题名	责任人	责任者	起始时间	终止时间	页数	受文者	文种	起止页码	文号
四川省大邑县法院民事案件	002—002—0006—0054	002	002	1947	0006	0054	法院文卷保存期限规程摘录		四川高等法院	19470000	19470000	2		摘录	120—121	
四川省大邑县法院民事案件	002—002—0006—0055	002	002	1947	0006	0055	曹绍贤为不服判决声明上诉状恳检卷申送于上级法院查案审理废弃原判另为判决声请书	具状人曹绍贤		19490303	19490303	4	四川高等法院民一庭	声请书	122—125	
四川省大邑县法院民事案件	002—002—0006—0056	002	002	1947	0006	0056	曹绍贤上诉状	具状人曹绍贤		19490310	19490310	4	四川高等法院民一庭	上诉状	126—129	
四川省大邑县法院民事案件	002—002—0006—0057	002	002	1947	0006	0057	四川高等法院关于缴纳相应上诉费用的民事裁定		四川高等法院	19490317	19490317	1		裁定书	130—130	
四川省大邑县法院民事案件	002—002—0006—0058	002	002	1947	0006	0058	四川高等法院送达杜伯馀、郑杜氏上诉状副本送达证书		四川高等法院	19490404	19490404	2		送达回证	131—132	
四川省大邑县法院民事案件	002—002—0006—0059	002	002	1947	0006	0059	四川邛崃县司法处民事第一审诉讼卷宗登记表		四川邛崃县司法处	19480000	19480000	1		登记表	133—133	诉字第34号
四川省大邑县法院民事案件	002—002—0006—0060	002	002	1947	0006	0060	卷宗目录		四川高等法院	19490000	19490000	1		目录	134—134	
四川省大邑县法院民事案件	002—002—0006—0061	002	002	1947	0006	0061	杜赵氏、郑杜氏为与曹绍贤妨害所有权利实践恳请迅予示期票传以保权利而资救济事民事声请	具状人杜赵氏、郑杜氏	民国荣县政府	19480701	19470701	3		声请书	135—137	

全宗名称	档号	全宗号	目录号	年度	案卷号	顺序号	文件题名	责任人	责任者	起始时间	终止时间	页数	受文者	文种	起止页码	文号
四川省大邑县法院民事案件	002—002—0006—0062	002	002	1947	0006	0062	新津县司法处杜赵氏缴纳缮状费代用司法印纸联单		四川新津县司法处	19480702	19480702	1		收据	138—138	
四川省大邑县法院民事案件	002—002—0006—0063	002	002	1947	0006	0063	四川新津县司法处关于杜赵氏声请的民事裁定		四川新津县司法处	19480704	19480704	1		裁定	139—139	
四川省大邑县法院民事案件	002—002—0006—0064	002	002	1947	0006	0064	曹绍贤等人传票的送达证书		四川新津县司法处	19480803	19480803	4		送达证书	140—143	
四川省大邑县法院民事案件	002—002—0006—0065	002	002	1947	0006	0065	曹绍贤因患病声请延期另行开庭审理的声请书	具状人曹绍贤		19480805	19480805	3		声请书	144—146	
四川省大邑县法院民事案件	002—002—0006—0066	002	002	1947	0006	0066	新津县司法处曹绍贤缴纳缮状费代用司法印纸联单		四川新津县司法处	19480805	19480805	1		收据	147—147	
四川省大邑县法院民事案件	002—002—0006—0067	002	002	1947	0006	0067	四川新津县司法处杜赵氏、曹绍贤案点名单		四川新津县司法处	19480806	19480806	1		点名单	148—148	
四川省大邑县法院民事案件	002—002—0006—0068	002	002	1947	0006	0068	四川新津县司法处曹绍贤、郑杜氏庭审辩论笔录		四川新津县司法处	19480806	19480806	2		笔录	149—150	
四川省大邑县法院民事案件	002—002—0006—0069	002	002	1947	0006	0069	四川新津县司法处关于提传出庭的通知		四川新津县司法处	19490807	19490807	1		通知	151—151	
四川省大邑县法院民事案件	002—002—0006—0070	002	002	1947	0006	0070	新津县司法处曹绍贤等人传票送达证书		四川新津县司法处	19480808	19480808	2		送达证书	152—153	

全宗名称	档号	全宗号	目录号	年度	案卷号	顺序号	文件题名	责任人	责任者	起始时间	终止时间	页数	受文者	文种	起止页码	文号
四川省大邑县法院民事案件	002—002—0006—0071	002	002	1947	0006	0071	杜赵氏委任张谦律师代理案件民事委任状	具状人杜赵氏、郑杜氏		19480811	19480811	4		委任状	154—157	
四川省大邑县法院民事案件	002—002—0006—0072	002	002	1947	0006	0072	新津县司法处张谦律师通知书的送达回证		四川新津县司法处	19480811	19480811	1		送达证书	158—158	
四川省大邑县法院民事案件	002—002—0006—0073	002	002	1947	0006	0073	四川新津县司法处民庭点名单		四川新津县司法处	19480811	19480811	1		点名单	159—159	
四川省大邑县法院民事案件	002—002—0006—0074	002	002	1947	0006	0074	新津县司法处曹绍贤、杜赵氏案庭审笔录		四川新津县司法处	19480811	19480811	3		笔录	160—162	
四川省大邑县法院民事案件	002—002—0006—0075	002	002	1947	0006	0075	杜赵氏为就案补呈理由追加请求判令确认新津某处地产为原告所有并请求判令撤销执行处分申请书	具状人杜赵氏		19480811	19480811	5	四川新津县司法处民事庭	声请书	163—167	
四川省大邑县法院民事案件	002—002—0006—0076	002	002	1947	0006	0076	新津县司法处曹绍贤、杜赵氏案宣判笔录		四川新津县司法处	19480000	19480000	1		笔录	168—168	
四川省大邑县法院民事案件	002—002—0006—0077	002	002	1947	0006	0077	新津县司法处曹绍贤、杜赵氏妨害权利案民事判决书		四川新津县司法处民庭	19480800	19480800	3		判决书	169—171	
四川省大邑县法院民事案件	002—002—0006—0078	002	002	1947	0006	0078	四川新津县司法处曹绍贤、杜赵氏判决书送达证书		四川新津县司法处	19480819	19480819	3		送达证书	172—174	
四川省大邑县法院民事案件	002—002—0006—0079	002	002	1947	0006	0079	立佃田土房屋佃约			19430810	19430810	5		契约	175—179	

全宗名称	档号	全宗号	目录号	年度	案卷号	顺序号	文件题名	责任人	责任者	起始时间	终止时间	页数	受文者	文种	起止页码	文号
四川省大邑县法院民事案件	002—002—0007—0001	002	002	1947	0007	0001	四川大邑县人民法院杜赵氏赡养第一审民事诉讼卷宗封面		四川新津县法院	19470000	19470000	1		封面	1—1	
四川省大邑县法院民事案件	002—002—0007—0002	002	002	1947	0007	0002	四川高等法院杜赵氏给付赡养费上诉卷宗登记表		四川高等法院	19481010	19481010	1		表	2—2	
四川省大邑县法院民事案件	002—002—0007—0003	002	002	1947	0007	0003	杜赵氏给付赡养费上诉案卷宗目录		四川高等法院	19480000	19480000	1		目录	3—3	
四川省大邑县法院民事案件	002—002—0007—0004	002	002	1947	0007	0004	新津县司法处为检送曹绍贤与杜伯馀卷状一案由		四川新津县司法处	19480906	19480906	2	四川高等法院	公函	4—5	诉字第986号
四川省大邑县法院民事案件	002—002—0007—0005	002	002	1947	0007	0005	杜赵氏为不服批示提起抗告恳检卷深松四川高等法院核办以资救济而维权利民事上诉状	具状人杜赵氏		19471203	19471203	4	四川高等法院	声请书	6—9	
四川省大邑县法院民事案件	002—002—0007—0006	002	002	1947	0007	0006	新津县司法处杜赵氏、曹绍贤缴纳缮状费代用司法印纸联单		四川新津县司法处	19471203	19471203	2		收据	10—11	缮字第1367号
四川省大邑县法院民事案件	002—002—0007—0007	002	002	1947	0007	0007	杜赵氏为案经提起抗告再恳予颁发裁定废弃原批示准予诉讼救济以维权利为资救济事民事抗告书	具状人杜赵氏		19480200	19480200	4	四川高等法院	民事抗告书	12—15	

全宗名称	档号	全宗号	目录号	年度	案卷号	顺序号	文件题名	责任人	责任者	起始时间	终止时间	页数	受文者	文种	起止页码	文号
四川省大邑县法院民事案件	002—002—0007—0008	002	002	1947	0007	0008	杜赵氏为抗告久状恳迅赐裁定以资遵循事	具状人杜赵氏、郑杜氏		19480205	19480205	4	四川高等法院	民事抗告书	16—19	
四川省大邑县法院民事案件	002—002—0007—0009	002	002	1947	0007	0009	四川高等法院关于杜赵氏抗告案民事裁定	审判长王敬信	四川高等法院	19480228	19480228	1		裁定书	20—20	抗字第7号
四川省大邑县法院民事案件	002—002—0007—0010	002	002	1947	0007	0010	四川高等法院民二庭函请新津县司法处送达当事人裁定书并签收相应送达证书		四川高等法院	19480305	19480305	1	四川新津县司法处	公函	21—21	
四川省大邑县法院民事案件	002—002—0007—0011	002	002	1947	0007	0011	四川新津县司法处书记室既已送达裁定书并签收送达回证的公函		四川新津县司法处	19480410	19480410	1	四川高等法院	公函	22—22	诉字第1329号
四川省大邑县法院民事案件	002—002—0007—0012	002	002	1947	0007	0012	杜赵氏、曹绍贤裁定书送达证书		四川新津县司法处	19480303	19480303	2		送达证书	23—24	
四川省大邑县法院民事案件	002—002—0007—0013	002	002	1947	0007	0013	法院文卷保存期限规程摘录		四川新津县司法处	194700000	19470000	1		表	25—25	
四川省大邑县法院民事案件	002—002—0008—0001	002	002	1947	0008	0001	四川新津县司法处曹绍贤诉杜伯馀债务案第一审民事诉讼卷宗		四川新津县司法处	19470000	19470000	1		封面	(1)1—1	
四川省大邑县法院民事案件	002—002—0008—0002	002	002	1947	0008	0002	曹绍贤为债务人恳假执行一案批示一件送达证书		四川新津县司法处	19470313	19470313	1		送达证书	(1)2—2	
四川省大邑县法院民事案件	002—002—0008—0003	002	002	1947	0008	0003	曹绍贤为因执行时间委任代理人代理书	具状人曹绍贤		19470310	19470310	3	四川新津县司法处	代理书	(1)3—5	

全宗名称	档号	全宗号	目录号	年度	案卷号	顺序号	文件题名	责任人	责任者	起始时间	终止时间	页数	受文者	文种	起止页码	文号
四川省大邑县法院民事案件	002—002—0008—0004	002	002	1947	0008	0004	新津县司法处曹绍贤缴纳缮状费代用司法印纸联单		四川新津县司法处	19470310	19470310	1		收据	(1)6—6	
四川省大邑县法院民事案件	002—002—0008—0005	002	002	1947	0008	0005	曹绍贤为陈批示声请另自派员迅予实施强制执行假执行而杜拖累事情声请书	具状人曹绍贤		19470325	19470325	3	四川新津县司法处	声请书	(1)7—9	
四川省大邑县法院民事案件	002—002—0008—0006	002	002	1947	0008	0006	四川新津县司法处关于曹绍贤诉杜伯馀案件执行批示		四川新津县司法处	19470301	19470301	2		批示	(1)10—11	
四川省大邑县法院民事案件	002—002—0008—0007	002	002	1947	0008	0007	曹绍贤为再恳另自派员迅予实施强制执行将债务人相关财产予以查封拍卖的声请书	具状人曹绍贤		19470322	19470322	3		声请书	(1)12—14	
四川省大邑县法院民事案件	002—002—0008—0008	002	002	1947	0008	0008	四川省高等法院函请检送裁定并签收送达回证		四川高等法院民事第一庭	19470325	19470325	1	四川新津县司法处	公函	(1)15—15	
四川省大邑县法院民事案件	002—002—0008—0009	002	002	1947	0008	0009	曹绍贤为两次状请另自派员实施执行未蒙核审办民事声请	具状人曹绍贤		19470300	19470300	4	四川新津县司法处	民事声请书	(1)16—19	
四川省大邑县法院民事案件	002—002—0008—0010	002	002	1947	0008	0010	曹绍贤为状请三次未蒙核办再请迅予饬令派员实施执行而免拖累事情	具状人曹绍贤		19470416	19470416	4	四川新津县司法处	声请书	(1)20—23	

全宗名称	档号	全宗号	目录号	年度	案卷号	顺序号	文件题名	责任人	责任者	起始时间	终止时间	页数	受文者	文种	起止页码	文号
四川省大邑县法院民事案件	002—002—0008—0011	002	002	1947	0008	0011	窃员奉令当即派员令往会同当地保甲经合法召集执行呈	直达员萧海山		19470419	19470419	1	主任审判员王镇	呈	(1)24—24	
四川省大邑县法院民事案件	002—002—0008—0012	002	002	1947	0008	0012	新津县司法处布告稿		四川新津县司法处	19470400	19470400	1		布告	(1)25—25	
四川省大邑县法院民事案件	002—002—0008—0013	002	002	1947	0008	0013	曹绍贤为状请四次未蒙核办再请迅予饬令本案直达员实施执行查封拍卖而免拖累事情声请书	具状人曹绍贤		19470425	19470425	3	四川新津县司法处	声请书	(1)26—28	
四川省大邑县法院民事案件	002—002—0008—0014	002	002	1947	0008	0014	关于尽快予以执行的声请书	律师杨天一		19470400	19470400	1	四川新津县司法处	声请书	(1)29—29	
四川省大邑县法院民事案件	002—002—0008—0015	002	002	1947	0008	0015	新津县司法处为派员前往同保甲查封杜伯馀产业由	书记官李亮	四川新津县司法处	19470400	19470400	2		训令	(1)30—31	
四川省大邑县法院民事案件	002—002—0008—0016	002	002	1947	0008	0016	四川新津县司法处查曹绍贤诉杜伯馀案前往派员查封拍卖的通知		四川新津县司法处	19470400	19470400	2		通知	(1)32—32	字第128号
四川省大邑县法院民事案件	002—002—0008—0017	002	002	1947	0008	0017	今蒙为民国三十六年执字第一号杜伯馀与曹绍贤业经鉴定仅为本其所知比为公正诚实之鉴定			19470430	19470430	1		结文	(1)33—33	执字第1号

全宗名称	档号	全宗号	目录号	年度	案卷号	顺序号	文件题名	责任人	责任者	起始时间	终止时间	页数	受文者	文种	起止页码	文号
四川省大邑县法院民事案件	002—002—0008—0018	002	002	1947	0008	0018	四川新津县司法处查封杜伯馀不动产笔录		四川新津县司法处	19470430	19470430	1		笔录	(1)34—34	
四川省大邑县法院民事案件	002—002—0008—0019	002	002	1947	0008	0019	曹绍贤杜伯馀一案鉴定人鉴定书			19470000	19470000	1		鉴定书	(1)35—35	
四川省大邑县法院民事案件	002—002—0008—0020	002	002	1947	0008	0020	关于杜伯馀财产查封拍卖鉴定书呈	罗晓帆		19470000	19470000	2		呈	(1)36—37	
四川省大邑县法院民事案件	002—002—0008—0021	002	002	1947	0008	0021	杜伯馀为对于被告曹绍贤请求离婚生活费用与原告涉讼一案谨特提起执行异议之诉	具状人杜伯馀		19470514	19470514	4	四川新津县司法处	民事声请	(1)38—41	
四川省大邑县法院民事案件	002—002—0008—0022	002	002	1947	0008	0022	新津县司法处杜伯馀缴纳缮状费代用司法印纸联单		四川新津县司法处	19470514	19470514	1		收据	(1)42—42	
四川省大邑县法院民事案件	002—002—0008—0023	002	002	1947	0008	0023	新津县城厢镇镇公所为据实证明请求准予求助由	城厢镇镇长杨绍宗	四川新津县城厢镇公所	19470500	19470500	1	四川新津县司法处	呈	(1)43—43	
四川省大邑县法院民事案件	002—002—0008—0024	002	002	1947	0008	0024	新津县司法处关于执行情况的呈		四川新津县司法处	19470500	19470500	2		呈	(1)44—45	
四川省大邑县法院民事案件	002—002—0008—0025	002	002	1947	0008	0025	曹绍贤为查封拍卖之田产不足抵偿债额恳继续将该债务人所有之相关财产估价拍卖的声请书	具状人曹绍贤		19470500	19470500	3		声请书	(1)46—48	

全宗名称	档号	全宗号	目录号	年度	案卷号	顺序号	文件题名	责任人	责任者	起始时间	终止时间	页数	受文者	文种	起止页码	文号
四川省大邑县法院民事案件	002—002—0008—0026	002	002	1947	0008	0026	萧海山关于前去调查并协助查封拍卖的呈	执达员萧海山	四川新津县司法处	19470000	19470000	2		函	(1)49—50	
四川省大邑县法院民事案件	002—002—0008—0027	002	002	1947	0008	0027	曹绍贤为查封拍卖之田产不敷抵偿债额状恳迅予派员调查债务人杜伯馀所有财产估价拍卖的民事声请书	具状人曹绍贤		19470500	19470500	2		声请书	(1)51—52	
四川省大邑县法院民事案件	002—002—0008—0028	002	002	1947	0008	0028	新津县司法处曹绍贤缴纳缮状费代用司法印纸联单		四川新津县司法处	19470528	19470528	1		收据	(1)53—53	
四川省大邑县法院民事案件	002—002—0008—0029	002	002	1947	0008	0029	关于查封与执行情况的呈		四川新津县司法处	19470602	19470602	9		呈	(1)54—62	
四川省大邑县法院民事案件	002—002—0008—0030	002	002	1947	0008	0030	曹绍贤为状恳减价拍卖拨款声请书	具状人曹绍贤		19470604	19470604	7		声请书	(1)63—69	
四川省大邑县法院民事案件	002—002—0008—0031	002	002	1947	0008	0031	四川省新津县曹绍贤诉杜伯馀债务第一审民事诉讼卷宗		四川新津县司法处	19470000	19470000	1		封面	(2)1—1	
四川省大邑县法院民事案件	002—002—0008—0032	002	002	1947	0008	0032	新津县普与乡公所为据实证明函请准予救助由公函	乡长向璧城	四川新津县普与乡公所	19470600	19470600	1	四川新津县司法处民庭	公函	(2)2—2	民字第76号
四川省大邑县法院民事案件	002—002—0008—0033	002	002	1947	0008	0033	新津县司法处安准检送裁定书派员送达并签收送达证书		四川新津县司法程序	19470710	10947071	1	四川高等法院	公函	(2)3—3	

全宗名称	档号	全宗号	目录号	年度	案卷号	顺序号	文件题名	责任人	责任者	起始时间	终止时间	页数	受文者	文种	起止页码	文号
四川省大邑县法院民事案件	002—002—0008—0034	002	002	1947	0008	0034	四川高等法院民事第三庭关于函请送法裁定书并相应检送送达证书的公函		四川高等法院	19470630	19470608	1	四川新津县司法处	公函	(2)4—4	民字第7381号
四川省大邑县法院民事案件	002—002—0008—0035	002	002	1947	0008	0035	四川高等法院民事第三庭关于函请送法裁定书并相应检送送达证书的公函		四川高等法院民事第一庭	19470721	19470721	1	四川新津县司法处	公函	(2)5—5	民字第8530号
四川省大邑县法院民事案件	002—002—0008—0036	002	002	1947	0008	0036	新津县司法处为函送曹绍贤请求赡养费执行卷宗请查收核办一案		四川新津县司法处	19470000	19470000	2	四川高等法院	公函	(2)6—7	
四川省大邑县法院民事案件	002—002—0008—0037	002	002	1947	0008	0037	曹绍贤为声请查案以裁定准许将查封拍卖现尚承买事情民事声请书	具状人曹绍贤		19470809	19470809	2	四川新津县司法处	声请书	(2)8—9	
四川省大邑县法院民事案件	002—002—0008—0038	002	002	1947	0008	0038	曹绍贤声请将债务人所有已经查封拍卖现尚无认买之水田依法查封派员受谷估价补偿	具状人曹绍贤		19470800	19470800	2	四川新津县司法处	声请书	(2)10—11	
四川省大邑县法院民事案件	002—002—0008—0039	002	002	1947	0008	0039	曹绍贤为依法声请给证转移管业避免拖累事情声请书	具状人曹绍贤		19471100	19471100	3	四川新津县司法处	声请书	(2)12—14	

全宗名称	档号	全宗号	目录号	年度	案卷号	顺序号	文件题名	责任人	责任者	起始时间	终止时间	页数	受文者	文种	起止页码	文号
四川省大邑县法院民事案件	002—002—0008—0040	002	002	1947	0008	0040	曹绍贤声请四川高等法院依法准许撤销托告发还声请	具状人曹绍贤		19471030	19471030	6	四川新津县司法处	声请书	(2)15—20	
四川省大邑县法院民事案件	002—002—0008—0041	002	002	1947	0008	0041	曹绍贤关于声请准予执行的声请书	具状人曹绍贤		19470000	19470000	4	四川新津县司法处	声请书	(2)20—54	
四川省大邑县法院民事案件	002—002—0008—0042	002	002	1947	0008	0042	曹绍贤为遵批交纳执行费请予查封拍卖数额中扣除缴纳声请书	具状人曹绍贤		19481100	19481100	4	四川新津县司法从	声请书	(2)55—58	
四川省大邑县法院民事案件	002—002—0008—0043	002	002	1947	0008	0043	曹绍贤为业经减价确定声请转移管业当以资结束事声请书	具状人曹绍贤		19480607	19480607	5	四川新津县司法处	声请书	(2)59—63	
四川省大邑县法院民事案件	002—002—0008—0044	002	002	1947	0008	0044	新津县司法处曹绍贤缴纳缮状费代用司法印纸联单		四川新津县司法处	19470607	19470607	2	四川新津县司法处	收据	(2)64—65	
四川省大邑县法院民事案件	002—002—0008—0045	002	002	1947	0008	0045	新津县司法处曹绍贤执行财产查封拍卖布告		四川新津县司法处	19480720	19480720	2		布告	(2)66—67	
四川省大邑县法院民事案件	002—002—0009—0001	002	002	1947	0009	0001	四川新津县司法处曹绍贤诉杜伯馀第一审民事诉讼卷宗		四川新津县司法处	19470000	19470000	1		封面	1—1	
四川省大邑县法院民事案件	002—002—0009—0002	002	002	1947	0009	0002	曹绍贤为相对人杜伯馀故意隐藏田产现方查明声请继续实施强制执行声请书	具状人曹绍贤		19480600	19480600	4	四川新津县司法处	声请书	2—5	

全宗名称	档号	全宗号	目录号	年度	案卷号	顺序号	文件题名	责任人	责任者	起始时间	终止时间	页数	受文者	文种	起止页码	文号
四川省大邑县法院民事案件	002—002—0009—0003	002	002	1947	0009	0003	曹绍贤声请杜伯馀给付离婚赡养费、精神损失费白米旧量五十石	具状人曹绍贤		19480805	19480805	4	四川新津县司法处	声请书	6—9	
四川省大邑县法院民事案件	002—002—0009—0004	002	002	1947	0009	0004	新津县司法处曹绍贤登记管业证明缴纳缮状费代用司法印纸联单		四川新津县司法处	19480805	19480805	1		收据	10—10	缮字第28435号
四川省大邑县法院民事案件	002—002—0009—0005	002	002	1947	0009	0005	新津县司法处关于执行案件通知		四川新津县司法处	19470000	19470000	1		通知	11—11	
四川省大邑县法院民事案件	002—002—0009—0006	002	002	1947	0009	0006	新津县司法处曹绍贤诉杜伯馀案件传票送达证书两份		四川新津县司法处	19480813	19480813	2		送达证书	12—13	
四川省大邑县法院民事案件	002—002—0009—0007	002	002	1947	0009	0007	曹绍贤为串匿田产声请废弃查封以备抵偿事声请书	具状人曹绍贤		19470812	19480812	7	四川新津县司法处	声请书	14—20	
四川省大邑县法院民事案件	002—002—0009—0008	002	002	1947	0009	0008	新津县司法处曹绍贤执行案件缴纳缮状费代用司法印纸联单		四川新津县司法处	19480812	19480812	1		收据	21—21	缮字第240号
四川省大邑县法院民事案件	002—002—0009—0009	002	002	1947	0009	0009	新津县司法处民事点名单		四川新津县司法处	19480814	19470814	2		点名单	22—23	
四川省大邑县法院民事案件	002—002—0009—0010	002	002	1947	0009	0010	新津县司法处曹绍贤诉杜伯馀执行案庭审笔录		四川新津县司法处	19470000	19470000	3		笔录	24—26	

全宗名称	档号	全宗号	目录号	年度	案卷号	顺序号	文件题名	责任人	责任者	起始时间	终止时间	页数	受文者	文种	起止页码	文号
四川省大邑县法院民事案件	002—002—0009—0011	002	002	1947	0009	0011	曹苏氏为案经请求转移管业具状声请发给管业正那书以资结案事申请书	具状人曹苏氏		19481008	19481008	4	四川新津县司法处	声请书	27—30	
四川省大邑县法院民事案件	002—002—0009—0012	002	002	1947	0009	0012	新津县司法处曹绍贤声请发管业证书缴纳缮状费代用司法印纸联单		四川新津县司法处	19481008	19481008	1		表	31—31	
四川省大邑县法院民事案件	002—002—0009—0013	002	002	1947	0009	0013	曹绍贤声请发给管业证书的声请书	具状人曹绍贤		19470000	19470000	6	四川新津县司法处	表	32—37	
四川省大邑县法院民事案件	002—002—0009—0014	002	002	1947	0009	0014	新津县司法处曹绍贤诉杜伯馀执行案件庭审笔录		四川新津县司法处	19480000	19480000	5		笔录	38—42	
四川省大邑县法院民事案件	002—002—0009—0015	002	002	1947	0009	0015	四川新津县司法处函请送达裁定书并副状并签收送达证书的公函		四川新津县司法处	19480112	19480112	1	四川高等法院	公函	43—43	诉字第1008号
四川省大邑县法院民事案件	002—002—0009—0016	002	002	1947	0009	0016	杨仕兴为不服判决声明上诉恳请检卷申送事声请书	具状人杨仕兴		19471204	19471204	4	四川新津县司法处	声请书	44—47	
四川省大邑县法院民事案件	002—002—0009—0017	002	002	1947	0009	0017	新津县司法处杨仕兴上诉缴纳缮状费代用司法印纸联单		四川新津县司法处	19471204	19471204	2		收据	48—49	
四川省大邑县法院民事案件	002—002—0009—0018	002	002	1947	0009	0018	四川新津县司法处关于杨仕兴上诉事实民事裁定	主任审判官王镇	四川新津县司法处	19471200	19471200	1		裁定书	50—50	

全宗名称	档号	全宗号	目录号	年度	案卷号	顺序号	文件题名	责任人	责任者	起始时间	终止时间	页数	受文者	文种	起止页码	文号
四川省大邑县法院民事案件	002—002—0009—0019	002	002	1947	0009	0019	新津县司法处杨仕兴上诉送达裁定书送达证书		四川新津县司法处	19471214	19471214	2		送达证书	51—52	
四川省大邑县法院民事案件	002—002—0009—0020	002	002	1947	0009	0020	杨仕兴为声请追复诉讼行为并随状承缴裁判费声请书	具状人杨仕兴		19480105	19480105	6		声请书	53—58	
四川省大邑县法院民事案件	002—002—0009—0021	002	002	1947	0009	0021	四川高等法院杨仕兴、徐相廷给付地租民事案件审理单		四川高等法院	19480120	19480120	1		审理单	59—59	
四川省大邑县法院民事案件	002—002—0009—0022	002	002	1947	0009	0022	四川高等法院迷失第一庭函请新津县司法处填发杨仕兴、徐相廷传票并相应签收送达证书的公函		四川高等法院	19480122	19480122	1	四川新津县司法处	公函	60—60	969号
四川省大邑县法院民事案件	002—002—0009—0023	002	002	1947	0009	0023	四川新津县司法处书记室已派员送达传票并相应检送送达证书查收为荷		四川新津县司法处	19480225	19480225	1	四川高等法院	公函	61—61	诉字第1152号
四川省大邑县法院民事案件	002—002—0009—0024	002	002	1947	0009	0024	徐相廷、杨仕兴传票送达证书		四川高等法院	19480120	19480120	2		送达证书	62—63	
四川省大邑县法院民事案件	002—002—0009—0025	002	002	1947	0009	0025	杨仕兴为与徐相廷欠租事件提起上诉一案谨特依法补具上诉理由并邀请人证证明等事由民事上诉状	具状人杨仕兴		19480200	19480200	4	四川高等法院	上诉状	64—67	

全宗名称	档号	全宗号	目录号	年度	案卷号	顺序号	文件题名	责任人	责任者	起始时间	终止时间	页数	受文者	文种	起止页码	文号
四川省大邑县法院民事案件	002—002—0009—0026	002	002	1947	0009	0026	四川高等法院民二庭杨仕兴、徐相廷案点名单			19480220	19480220	1		点名单	68—68	
四川省大邑县法院民事案件	002—002—0009—0027	002	002	1947	0009	0027	杨仕兴、徐相廷上诉案言词辩论笔录	审判长宋维镇		19480224	19480224	4		笔录	69—72	
四川省大邑县法院民事案件	002—002—0009—0028	002	002	1947	0009	0028	徐相廷答辩书	具状人徐相廷		19480328	19480328	4		答辩状	73—76	
四川省大邑县法院民事案件	002—002—0009—0029	002	002	1947	0009	0029	杨仕兴、徐相廷给付地租上诉案宣示判决笔录	涉农按章宋维经、推事邓维高	四川高等法院	19480525	19480525	1		笔录	77—77	
四川省大邑县法院民事案件	002—002—0009—0030	002	002	1947	0009	0030	四川高等法院杨仕兴、徐相廷给付地租案民事判决	书记官安承尧	四川高等法院	19480228	19480228	4		判决书	78—81	
四川省大邑县法院民事案件	002—002—0009—0031	002	002	1947	0009	0031	四川高等法院民事第一庭函请新津县司法处建东判决书并相应签收送达回证		四川高等法院民事第一庭	19480331	19480331	1		公函	82—82	信字第3284号
四川省大邑县法院民事案件	002—002—0009—0032	002	002	1947	0009	0032	四川新津县司法处书记室既已送达判决书并签收送达证书公函		四川新津县司法处	19480528	19480528	1		公函	83—83	上字第1469号
四川省大邑县法院民事案件	002—002—0009—0033	002	002	1947	0009	0033	新津县司法处送达判决书送达回证两份		四川新津县司法处	19480330	19480330	2		送达证书	84—85	

全宗名称	档号	全宗号	目录号	年度	案卷号	顺序号	文件题名	责任人	责任者	起始时间	终止时间	页数	受文者	文种	起止页码	文号
四川省大邑县法院民事案件	002—002—0009—0034	002	002	1947	0009	0034	杨仕兴为不服第二审判决请求检卷申送以便上诉于最高法院另为合法判决事上诉状	具状人杨仕兴		19480500	19480500	5		上诉状	86—90	
四川省大邑县法院民事案件	002—002—0009—0035	002	002	1947	0009	0035	四川高等法院徐相廷缴纳缮状费代用司法印纸联单		四川高等法院	19480412	19480412	2		收据	91—92	
四川省大邑县法院民事案件	002—002—0009—0036	002	002	1947	0009	0036	徐相廷呈为判决遗漏请予补充以凭核办声请书	具状人徐相廷		19480412	19480412	4	四川高等法院	声请书	93—96	
四川省大邑县法院民事案件	002—002—0009—0037	002	002	1947	0009	0037	四川高等法院驳回徐相廷声请上诉的民事裁定		四川高等法院	19480525	19480525	2		民事裁定	97—98	上字第715号
四川省大邑县法院民事案件	002—002—0009—0038	002	002	1947	0009	0038	四川高等法院函请新津县司法处送达徐相廷一案裁定书并相应签收送达证书的公函		四川高等法院	19480609	19480609	1	新津县司法处	公函	99—99	信字第6289号
四川省大邑县法院民事案件	002—002—0009—0039	002	002	1947	0009	0039	四川新津县司法处既已检送裁定书并签收送达证书的公函		四川新津县司法处	19480628	19480628	1	四川高等法院	公函	100—100	诉字第59号
四川省大邑县法院民事案件	002—002—0009—0040	002	002	1947	0009	0040	四川高等法院送达裁定书送达证书三份		四川高等法院	19480608	19480608	3		送达证书	101—103	
四川省大邑县法院民事案件	002—002—0009—0041	002	002	1947	0009	0041	法院文卷保存期限规程摘录		四川高等法院	19480000	19480000	1		法规摘录	104—104	

全宗名称	档号	全宗号	目录号	年度	案卷号	顺序号	文件题名	责任人	责任者	起始时间	终止时间	页数	受文者	文种	起止页码	文号
四川省大邑县法院民事案件	002—002—0009—0042	002	002	1947	0009	0042	诉讼证据物品袋及证据目录		四川高等法院	19480000	19480000	3		目录	105—107	
四川省大邑县法院民事案件	002—002—0009—0043	002	002	1947	0009	0043	四川高等法院给付地租案件登记表		四川高等法院	19491026	19491026	1		登记表	108—108	
四川省大邑县法院民事案件	002—002—0009—0044	002	002	1947	0009	0044	四川新津县司法处民事庭点名单		四川新津县司法处	19480000	19480000	2		点名单	109—110	
四川省大邑县法院民事案件	002—002—0009—0045	002	002	1947	0009	0045	徐相廷为呈悉佃霸据抗租不纳恳祈做主票传勒追以维佃权而儆横霸事	具状人徐相廷		19471028	19471028	5	四川新津县司法处	声请书	111—115	
四川省大邑县法院民事案件	002—002—0009—0046	002	002	1947	0009	0046	新津县司法处徐相廷诉杨仕兴抗租一案缴纳缮状费代用司法印纸联单		四川新津县司法处	19471028	19471028	2		收据	116—117	
四川省大邑县法院民事案件	002—002—0009—0047	002	002	1947	0009	0047	新津县司法处杨仕兴、徐相廷传票送达证书二份		四川新津县司法处	19471106	19471106	2		送达证书	118—119	
四川省大邑县法院民事案件	002—002—0009—0048	002	002	1947	0009	0048	四川新津县司法处徐相廷、杨仕兴民事点名单		四川新津县司法处	19471106	19471106	1		点名单	120—120	
四川省大邑县法院民事案件	002—002—0009—0049	002	002	1947	0009	0049	四川新津县司法处杨仕兴、徐相廷传票送达证书		四川新津县司法处	19471107	19471107	2		送达证书	121—122	
四川省大邑县法院民事案件	002—002—0009—0050	002	002	1947	0009	0050	四川新津县司法处徐相廷、杨仕兴民事点名单	主人审判官王镇	四川新津县司法处	19471114	19471114	1		点名单	123—123	

全宗名称	档号	全宗号	目录号	年度	案卷号	顺序号	文件题名	责任人	责任者	起始时间	终止时间	页数	受文者	文种	起止页码	文号
四川省大邑县法院民事案件	002—002—0009—0051	002	002	1947	0009	0051	杨仕兴、徐相廷欠租案庭审笔录	审判官王镇、书记官梁芷周	四川新津县司法处	19471114	19471114	2		笔录	124—125	
四川省大邑县法院民事案件	002—002—0009—0052	002	002	1947	0009	0052	四川新津县司法处杨仕兴、徐相廷欠租案民事判决书	主任审判官王镇	四川新津县司法处	19471121	19471121	2		判决书	126—127	
四川省大邑县法院民事案件	002—002—0009—0053	002	002	1947	0009	0053	四川新津县司法处杨仕兴、徐相廷传票送达证书		四川新津县司法处	19471127	19471127	5		送达证书	128—132	
四川省大邑县法院民事案件	002—002—0009—0054	002	002	1947	0009	0054	杨仕兴、徐相廷地租案上诉受理登记表		四川新津县司法处	19470909	19470909	1		登记表	133—133	
四川省大邑县法院民事案件	002—002—0009—0055	002	002	1947	0009	0055	徐相廷为故意迁延诉讼抗告书	具状人徐相廷		19470720	19470720	6		抗告书	134—139	
四川省大邑县法院民事案件	002—002—0009—0056	002	002	1947	0009	0056	四川高等法院查杨仕兴与徐相廷给付地租案函送抗告书及相应的证据		四川高等法院民事第一庭	19480813	19480813	1	最高法院书记厅	公函	140—140	
四川省大邑县法院民事案件	002—002—0009—0057	002	002	1947	0009	0057	杨仕兴、徐相廷案卷证目录	四川高等法院		19480000	19480000	1		目录	141—141	
四川省大邑县法院民事案件	002—002—0009—0058	002	002	1947	0009	0058	杨仕兴为声明抗告恳请准予上诉事由民事抗告书	具状人杨仕兴		19480624	19480624	5		抗告书	142—146	

全宗名称	档号	全宗号	目录号	年度	案卷号	顺序号	文件题名	责任人	责任者	起始时间	终止时间	页数	受文者	文种	起止页码	文号
四川省大邑县法院民事案件	002—002—0009—0059	002	002	1947	0009	0059	徐相廷为违约侵害依法提出答辩请予驳回抗告以免久累事民事答辩状	具状人徐相廷		19480802	19480802	4	四川高等法院民一庭、最高法院民事庭	答辩状	147—150	
四川省大邑县法院民事案件	002—002—0009—0060	002	002	1947	0009	0060	四川高等法院杨仕兴租谷一案缴纳裁判费代用司法印纸联单		四川高等法院	19480607	19480607	1		收据	151—151	
四川省大邑县法院民事案件	002—002—0010—0001	002	002	1947	0010	0001	四川新津县司法处周绍廷诉范银山返还沙地第一审民事诉讼卷宗		四川新津县司法处	19470000	19470000	1		封面	1—1	
四川省大邑县法院民事案件	002—002—0010—0002	002	002	1947	0010	0002	四川高等法院返还沙地案上诉案受理登记表		四川高等法院	19470000	19470000	1		登记表	2—2	
四川省大邑县法院民事案件	002—002—0010—0003	002	002	1947	0010	0003	四川高等法院返还沙地案卷宗目录		四川高等法院	19470000	19470000	1		目录	3—3	
四川省大邑县法院民事案件	002—002—0010—0004	002	002	1947	0010	0004	范瀛三为判决平碍难遵服恳予检卷申送以判上诉民上诉状	具状人范瀛三		19471108	19471108	5		上诉状	4—8	
四川省大邑县法院民事案件	002—002—0010—0005	002	002	1947	0010	0005	四川高等法院范瀛三诉周绍廷上诉案民事裁定		四川高等法院	19471125	19471125	1		裁定	9—9	上字第12223号

全宗名称	档号	全宗号	目录号	年度	案卷号	顺序号	文件题名	责任人	责任者	起始时间	终止时间	页数	受文者	文种	起止页码	文号
四川省大邑县法院民事案件	002—002—0010—0006	002	002	1947	0010	0006	四川高等法院民事函请新津县司法处送达当事人裁定书并相应签收送达证书的公函		四川高等法院	19471127	19471127	1	四川新津县司法处	公函	10—10	上字第13742号
四川省大邑县法院民事案件	002—002—0010—0007	002	002	1947	0010	0007	范瀛三为声明不服请予检卷申送于最高法院以凭另为适当判决的民事申请书	具状人范瀛三		19471117	19471117	3	四川高等法院	声请书	11—13	
四川省大邑县法院民事案件	002—002—0010—0008	002	002	1947	0010	0008	四川新津县司法处为周绍廷与范瀛洲因返还沙地事件派员检送送达证书的公函		四川新津县司法处书记室	19480108	19480108	1	四川高等法院	公函	14—14	字第990号
四川省大邑县法院民事案件	002—002—0010—0009	002	002	1947	0010	0009	范瀛三、周绍廷上诉案民事裁定书送达证书		四川高等法院	19471207	19471207	2		送达证书	15—16	
四川省大邑县法院民事案件	002—002—0010—0010	002	002	1947	0010	0010	材料		四川高等法院	19470000	19470000	2		材料	17—18	
四川省大邑县法院民事案件	002—002—0010—0011	002	002	1947	0010	0011	四川高等法院周绍廷、范银山返还沙地民事上诉卷宗登记表		四川高等法院	19470605	19470605	1		登记表	19—19	
四川省大邑县法院民事案件	002—002—0010—0012	002	002	1947	0010	0012	周绍廷、范银山民事上诉案卷宗目录		四川高等法院	19470000	19470000	1		目录	20—20	

全宗名称	档号	全宗号	目录号	年度	案卷号	顺序号	文件题名	责任人	责任者	起始时间	终止时间	页数	受文者	文种	起止页码	文号
四川省大邑县法院民事案件	002—002—0010—0013	002	002	1947	0010	0013	四川新津县司法处周绍廷、范银山二审缴纳裁判费并送达副状公函		四川新津县司法处	19470602	19470602	1	四川高等法院民事庭	公函	21—21	诉字第264号
四川省大邑县法院民事案件	002—002—0010—0014	002	002	1947	0010	0014	周绍廷为声明不服请予检卷申送以使上诉而资救济事民事声请书	具状人周绍廷		19470500	19470500	4	四川高等法院	声请书	22—25	
四川省大邑县法院民事案件	002—002—0010—0015	002	002	1947	0010	0015	新津县司法处周绍廷等人声请书缴纳声请费、缮状费代用司法印纸联单		四川新津县司法处	19370519	19370519	2		收据	26—27	缮字第330号
四川省大邑县法院民事案件	002—002—0010—0016	002	002	1947	0010	0016	四川新津县司法处周绍廷范银山返还沙地上诉案民事裁定		四川新津县司法处	19470500	19470500	1		裁定	28—28	
四川省大邑县法院民事案件	002—002—0010—0017	002	002	1947	0010	0017	四川新津县司法处范银山民事裁定、上诉状副本送达证书		四川新津县司法处	19470527	19470527	2		送达证书	29—30	
四川省大邑县法院民事案件	002—002—0010—0018	002	002	1947	0010	0018	范银山请求返还沙地上诉状	具状人范银三		19470530	19470530	3		上诉状	31—33	
四川省大邑县法院民事案件	002—002—0010—0019	002	002	1947	0010	0019	周绍廷缴纳上诉费代用司法印纸联单		四川高等法院	19470703	19470703	1		收据	34—34	
四川省大邑县法院民事案件	002—002—0010—0020	002	002	1947	0010	0020	四川高等法院周绍廷、范银山上诉案件审理单		四川高等法院	19470707	19470707	1		审理单	35—35	

全宗名称	档号	全宗号	目录号	年度	案卷号	顺序号	文件题名	责任人	责任者	起始时间	终止时间	页数	受文者	文种	起止页码	文号
四川省大邑县法院民事案件	002—002—0010—0021	002	002	1947	0010	0021	四川高等法院关于函请新津县司法处检送传票并相应签收送达证书的公函		四川高等法院	19470609	19470609	1		公函	36—36	民字第6815号
四川省大邑县法院民事案件	002—002—0010—0022	002	002	1947	0010	0022	四川新津县司法处书记室周绍廷与范银山因返还沙地已派员送达传票并相应函送送达证书的公函		四川新津县司法处	19470620	19470620	1	四川高等法院	公函	37—37	诉字第325号
四川省大邑县法院民事案件	002—002—0010—0023	002	002	1947	0010	0023	周绍廷、范银山传票送达证书		四川新津县司法处	19470607	19470607	2		送达证书	38—39	
四川省大邑县法院民事案件	002—002—0010—0024	002	002	1947	0010	0024	四川高等法院周绍廷、范银山点名单		四川高等法院	19470707	19470707	1		点名单	40—40	
四川省大邑县法院民事案件	002—002—0010—0025	002	002	1947	0010	0025	周绍廷上诉状	具状人周绍廷		19470800	19470800	4		上诉状	41—44	
四川省大邑县法院民事案件	002—002—0010—0026	002	002	1947	0010	0026	四川高等法院周绍廷、范银山上诉案审理单		四川高等法院	19470821	19470821	1		审理单	45—45	
四川省大邑县法院民事案件	002—002—0010—0027	002	002	1947	0010	0027	四川高等法院民事第二庭函请新津县司法处送达传票并检送送达回证		四川高等法院	19470823	19470823	1	四川新津县司法处	公函	46—46	丑字第10098号
四川省大邑县法院民事案件	002—002—0010—0028	002	002	1947	0010	0028	四川新津县司法处既已送达传票并相应签收送达证书的公函		四川新津县司法处	19470920	19470920	1	四川高等法院	公函	47—47	

全宗名称	档号	全宗号	目录号	年度	案卷号	顺序号	文件题名	责任人	责任者	起始时间	终止时间	页数	受文者	文种	起止页码	文号
四川省大邑县法院民事案件	002—002—0010—0029	002	002	1947	0010	0029	周绍廷、范银山开庭传票送达证书		四川高等法院	19470822	19470822	2		送达证书	48—49	
四川省大邑县法院民事案件	002—002—0010—0030	002	002	1947	0010	0030	四川高等法院周绍廷、范银山民事点名单		四川高等法院	19470924	19470924	1		点名单	50—50	
四川省大邑县法院民事案件	002—002—0010—0031	002	002	1947	0010	0031	周绍廷、范银山言词辩论笔录		四川高等法院	19470924	19470924	4		笔录	51—54	
四川省大邑县法院民事案件	002—002—0010—0032	002	002	1947	0010	0032	四川高等法院周绍廷、范银山因返还沙地上诉案宣示判决笔录		四川高等法院	19470929	19470929	1		笔录	55—55	
四川省大邑县法院民事案件	002—002—0010—0033	002	002	1947	0010	0033	四川高等法院民事周绍廷、范银山上诉案民事判决	涉农按章王敬信	四川高等法院	19470929	19470929	2		判决书	56—57	
四川省大邑县法院民事案件	002—002—0010—0034	002	002	1947	0010	0034	四川高等法院与新津县司法处关于派员检送传票的公函与所附传票			19471011	19471014	5		公函	58—62	
四川省大邑县法院民事案件	002—002—0010—0035	002	002	1947	0010	0035	卷宗登记表与目录		四川高等法院	19461109	19470430	3		材料	63—65	
四川省大邑县法院民事案件	002—002—0010—0036	002	002	1947	0010	0036	范银山、周绍廷上诉状及答辩状以及相关缮状费收据			19470000	19470000	14	四川高等法院	文书	66—79	
四川省大邑县法院民事案件	002—002—0010—0037	002	002	1947	0010	0037	范银山与周绍廷传票送达证书		四川新津县司法处	19461123	19461123	3		送达证书	80—82	

全宗名称	档号	全宗号	目录号	年度	案卷号	顺序号	文件题名	责任人	责任者	起始时间	终止时间	页数	受文者	文种	起止页码	文号
四川省大邑县法院民事案件	002—002—0010—0038	002	002	1947	0010	0038	四川新津县司法处周绍廷、范银山民事点名单		四川新津县司法相互	19461203	19461203	1		点名单	83—83	
四川省大邑县法院民事案件	002—002—0010—0039	002	002	1947	0010	0039	四川新津县司法处周绍廷、范银山返还沙地案庭审笔录		四川新津县司法处	19461203	19461203	2		笔录	84—85	
四川省大邑县法院民事案件	002—002—0010—0040	002	002	1947	0010	0040	四川新津县司法处复勘案件的通知		四川新津县司法处	19461229	19461229	1		通知	86—86	
四川省大邑县法院民事案件	002—002—0010—0041	002	002	1947	0010	0041	新津县司法处范银山、周绍廷为派员履勘通知的送达证书		四川新津县司法处	19470122	19470112	2		送达证书	87—88	
四川省大邑县法院民事案件	002—002—0010—0042	002	002	1947	0010	0042	四川新津县司法处派员履勘的文件		四川新津县司法处	19470423	19470423	6		材料	89—94	
四川省大邑县法院民事案件	002—002—0010—0043	002	002	1947	0010	0043	四川新津县司法处庭审、宣示判决笔录		四川新津县司法处	19470430	19470430	5		笔录	95—99	
四川省大邑县法院民事案件	002—002—0010—0044	002	002	1947	0010	0044	四川新津县司法处范银山、周绍廷返还沙地案民事判决书		四川新津县司法处	19470502	19470502	4		判决书	100—103	
四川省大邑县法院民事案件	002—002—0010--0045	002	002	1947	0010	0045	新津县司法处范银山、周绍廷返还沙地案卷宗其他材料		四川新津县司法处	19470000	19470000	22		材料	104—125	

全宗名称	档号	全宗号	目录号	年度	案卷号	顺序号	文件题名	责任人	责任者	起始时间	终止时间	页数	受文者	文种	起止页码	文号
四川省大邑县法院民事案件	002—002—0011—0001	002	002	1947	0011	0001	四川新津县司法处邓银章、胡雨臣确认房屋土地所有权第一审民事卷宗封面		四川新津县司法处	19480000	19480000	1		封面	1—1	
四川省大邑县法院民事案件	002—002—0011—0002	002	002	1947	0011	0002	新津县司法处邓银章、胡雨臣确认土地所有权一案登记表		四川新津县司法处	19480200	19480200	3		登记表	2—4	
四川省大邑县法院民事案件	002—002—0011—0003	002	002	1947	0011	0003	四川高等法院关于函送上诉状的公函		四川高等法院	19460831	19460831	1		公函	5—5	民智字第8868号
四川省大邑县法院民事案件	002—002—0011—0004	002	002	1947	0011	0004	邓银章因确认土地所有权上诉状	具状人邓银章		19470000	19470000	12		上诉状	6—17	
四川省大邑县法院民事案件	002—002—0012—0001	002	002	1947	0012	0001	四川大邑县人民法院等邓银章、胡雨臣土地所有权第一审民事诉讼卷宗封面		四川高等法院	19470000	19470000	1		封面	1—1	
四川省大邑县法院民事案件	002—002—0012—0002	002	002	1947	0012	0002	房屋所有权证明材料：文昌会碑拓片与证明书			19480708	19480708	7		材料	2—8	
四川省大邑县法院民事案件	002—002—0012—0003	002	002	1947	0012	0003	胡雨臣、邓银章等人委任状	具状人邓银章等		19480706	19480706	7	四川高等法院	委任状	9—15	
四川省大邑县法院民事案件	002—002—0012—0004	002	002	1947	0012	0004	四川高等法院民二庭点名单		四川高等法院	19480000	19480000	4		点名单	16—19	
四川省大邑县法院民事案件	002—002—0012—0005	002	002	1947	0012	0005	四川高等法院胡雨臣、邓银章确认土地所有权庭审辩论笔录		四川高等法院	19480706	19480706	6		笔录	20—25	

全宗名称	档号	全宗号	目录号	年度	案卷号	顺序号	文件题名	责任人	责任者	起始时间	终止时间	页数	受文者	文种	起止页码	文号
四川省大邑县法院民事案件	002—002—0012—0006	002	002	1947	0012	0006	宣示判决笔录		四川高等法院	19480710	19480710	2		笔录	26—27	
四川省大邑县法院民事案件	002—002—0012—0007	002	002	1947	0012	0007	邓银章等人上诉状	具状人邓银章等		19480709	19480709	6		上诉状	28—33	
四川省大邑县法院民事案件	002—002—0012—0008	002	002	1947	0012	0008	四川高等法院邓银章胡雨臣上诉案判决书		四川高等法院	19480700	19480700	3		判决书	34—36	
四川省大邑县法院民事案件	002—002—0012—0009	002	002	1947	0012	0009	关于送达判决书的函即送达证书		四川高等法院	19470721	19470721	6		送达材料	37—42	
四川省大邑县法院民事案件	002—002—0012—0010	002	002	1947	0012	0010	胡雨臣上诉状	具状人胡雨臣		19480816	19480816	6	四川高等法院	上诉状	43—48	
四川省大邑县法院民事案件	002—002—0013—0001	002	002	1947	0013	0001	四川省大邑县人民法院干绍云诉干绍廷分析遗产第一审民事诉讼卷宗封面	四川省大邑县人民法院		19470000	19470000	1		封面	1—1	
四川省大邑县法院民事案件	002—002—0013—0002	002	002	1947	0013	0002	四川省高等法院民事二庭检送案卷材料公函		四川高等法院	19481213	19481213	1	最高法院书记厅	公函	2—2	民五字第8528号
四川省大邑县法院民事案件	002—002—0013—0003	002	002	1947	0013	0003	干绍廷请求遗产分割民事上诉状	具状人干绍廷		19480601	19480601	3	最高法院民庭	上诉状	3—5	
四川省大邑县法院民事案件	002—002—0013—0004	002	002	1947	0013	0004	干绍廷诉干绍云分析遗产案案件登记表		四川新津县司法处	19471015	19471015	1		登记表	6—6	
四川省大邑县法院民事案件	002—002—0013—0005	002	002	1947	0013	0005	干绍廷诉干绍云分析遗产案卷宗目录		四川新津县司法处	19470000	19470000	1		目录	7—7	

全宗名称	档号	全宗号	目录号	年度	案卷号	顺序号	文件题名	责任人	责任者	起始时间	终止时间	页数	受文者	文种	起止页码	文号
四川省大邑县法院民事案件	002—002—0013—0006	002	002	1947	0013	0006	干绍云诉干绍廷分析遗产案民事起诉状	具状人干绍廷		19470000	19470000	4	四川新津县司法处民庭	起诉书	8—11	
四川省大邑县法院民事案件	002—002—0013—0007	002	002	1947	0013	0007	干绍云、干绍廷遗产案代用司法印纸联单		四川新津县司法处	19471015	19471015	2		印纸联单	12—13	
四川省大邑县法院民事案件	002—002—0013—0008	002	002	1947	0013	0008	干绍廷、干绍云传票送达证书		四川新津县司法处	19471022	19471022	2		送达证书	14—15	
四川省大邑县法院民事案件	002—002—0013—0009	002	002	1947	0013	0009	干绍云诉干绍廷民庭点名单		四川新津县司法处民庭	19471025	19471025	1		点名单	16—16	
四川省大邑县法院民事案件	002—002—0013—0010	002	002	1947	0013	0010	干绍云诉干绍廷遗产案庭审笔录	审判员张维卿	四川新津县司法处	19471025	19471025	2		笔录	17—18	
四川省大邑县法院民事案件	002—002—0013—0011	002	002	1947	0013	0011	干绍廷辩诉书	具状人干绍廷		19471100	19471100	5	四川新津县司法处	辩诉书	19—23	
四川省大邑县法院民事案件	002—002—0013—0012	002	002	1947	0013	0012	干绍廷缴纳缮状费代用司法印纸联单		四川新津县司法处	19471104	19471104	1		印纸联单	24—24	36年度缮字第1245号
四川省大邑县法院民事案件	002—002—0013—0013	002	002	1947	0013	0013	干绍廷传票送达证书		四川新津县司法处	19471203	19471203	2		送达证书	25—26	字第61号
四川省大邑县法院民事案件	002—002—0013—0014	002	002	1947	0013	0014	四川新津县司法处干绍云诉干绍廷案民庭点名单		四川新津县司法处民庭	19471116	19471116	1		点名单	27—27	
四川省大邑县法院民事案件	002—002—0013—0015	002	002	1947	0013	0015	干绍廷诉干绍云返还权利审讯笔录	审判员张维卿	四川新津县司法处民第庭	19471203	19471203	3		审讯笔录	28—30	

全宗名称	档号	全宗号	目录号	年度	案卷号	顺序号	文件题名	责任人	责任者	起始时间	终止时间	页数	受文者	文种	起止页码	文号
四川省大邑县法院民事案件	002—002—0013—0016	002	002	1947	0013	0016	敢晒云诉干绍廷分析遗产案件宣誓笔录	审判员张维卿	四川新津县司法处民庭	19471210	19471210	1		宣誓笔录	31—31	
四川省大邑县法院民事案件	002—002—0013—0017	002	002	1947	0013	0017	四川新津县司法处干绍云诉干绍廷分析遗产案民事判决	审判员张维卿	四川新津县司法处民庭	19471210	19471210	2		判决书	32—33	
四川省大邑县法院民事案件	002—002—0013—0018	002	002	1947	0013	0018	新津县司法处送达证书		四川新津县司法处	19471226	19471226	2		送达证书	34—35	
四川省大邑县法院民事案件	002—002—0013—0019	002	002	1947	0013	0019	案件登记表		四川新津县司法处	19470000	19470000	1		表	36—36	上字第2822号
四川省大邑县法院民事案件	002—002—0013—0020	002	002	1947	0013	0020	四川高等法院民事第二庭干绍廷与干绍云分析遗产上诉案函送案卷材料的公函		四川高等法院民事第二庭	19480526	19480526	1	最高法院书记厅	公函	37—37	民丑字第5699号
四川省大邑县法院民事案件	002—002—0013—0021	002	002	1947	0013	0021	干绍廷诉干绍云分析遗产案件证据目录		四川新津县司法处	19470000	19470000	1		目录	38—38	
四川省大邑县法院民事案件	002—002—0013—0022	002	002	1947	0013	0022	干绍廷上诉状	具状人干绍廷		19480119	19480119	3	四川新津县司法处民庭	上诉状	39—41	
四川省大邑县法院民事案件	002—002—0013—0023	002	002	1947	0013	0023	四川新津县司法处撤回上诉的裁定书	审判员张维卿	四川新津县司法处	19480000	19480000	1		裁定书	42—42	
四川省大邑县法院民事案件	002—002—0013—0024	002	002	1947	0013	0024	新津县司法处干绍云与干绍廷裁定书副状送达证书		四川新津县司法处	19480121	19480121	2		送达证书	43—44	

全宗名称	档号	全宗号	目录号	年度	案卷号	顺序号	文件题名	责任人	责任者	起始时间	终止时间	页数	受文者	文种	起止页码	文号
四川省大邑县法院民事案件	002—002—0013—0025	002	002	1947	0013	0025	四川高等法院干绍廷、干绍云产业案裁判费代用司法印纸联单		四川高等法院	19480204	19480204	3		印纸联单	45—47	
四川省大邑县法院民事案件	002—002—0013—0026	002	002	1947	0013	0026	干绍廷分析财产案民事上诉状	具状人干绍廷		19480204	19480204	4	四川高等法院民庭	上诉状	48—51	
四川省大邑县法院民事案件	002—002—0013—0027	002	002	1947	0013	0027	四川高等法院关于确定言辞辩论日期填发传票等事项的公函		四川高等法院民事第二庭	19480219	19480219	1	四川新津县司法处	公函	52—52	民丑字第1578号
四川省大邑县法院民事案件	002—002—0013—0028	002	002	1947	0013	0028	四川彭山县司法庭案准四川高等法院民事第二庭终止租约议案派员送法相应判决书并签收送达证书的公函		四川彭山县司法庭	19480227	19480227	1	四川高等法院民事第二庭	公函	53—53	
四川省大邑县法院民事案件	002—002—0013—0029	002	002	1947	0013	0029	谢子安、干洪发案件判决书正本及副本送达证书		四川彭山县司法处	19480226	19480226	2		送达证书	54—55	
四川省大邑县法院民事案件	002—002—0013—0030	002	002	1947	0013	0030	四川新津县司法处案准干绍廷、干绍云分析财产案传票应派员检送并签收送达证书的公函		四川新津县司法处	19480308	19480308	1	四川高等法院民二庭	公函	56—56	民字第1197号
四川省大邑县法院民事案件	002—002—0013—0031	002	002	1947	0013	0031	干绍廷、干绍云传票送达证书		四川新津县司法处	19480217	19480217	2		送达证书	57—58	

全宗名称	档号	全宗号	目录号	年度	案卷号	顺序号	文件题名	责任人	责任者	起始时间	终止时间	页数	受文者	文种	起止页码	文号
四川省大邑县法院民事案件	002—002—0013—0032	002	002	1947	0013	0032	四川高等法院民二庭点名单		四川高等法院民二庭	19480312	19480312	1		点名单	59—59	
四川省大邑县法院民事案件	002—002—0013—0033	002	002	1947	0013	0033	干绍廷、干绍云言辞辩论笔录		四川高等法院	19480312	19480312	4		笔录	60—63	
四川省大邑县法院民事案件	002—002—0013—0034	002	002	1947	0013	0034	干绍廷民事上诉状	具状人干绍廷		19480312	19480312	3	四川省高等法院	上诉状	64—66	
四川省大邑县法院民事案件	002—002—0013—0035	002	002	1947	0013	0035	干绍云民事答辩状	具状人干绍云		19480300	19480300	5	四川省高等法院	答辩状	67—71	
四川省大邑县法院民事案件	002—002—0013—0036	002	002	1947	0013	0036	干绍廷、干绍云分析遗产案宣示判决笔录	审判长王敬信	四川高等法院	19480317	19480317	1		笔录	72—72	
四川省大邑县法院民事案件	002—002—0013—0037	002	002	1947	0013	0037	四川高等法院干绍廷、干绍云分析遗产案件民事判决书	审判长王敬信	四川高等法院	19480317	19480317	1		判决书	73—73	上字第292号
四川省大邑县法院民事案件	002—002—0013—0038	002	002	1947	0013	0038	四川高等法院送达上诉当事人判决书并签收送达证书的公函		四川高等法院	19480330	19480330	1	新津县司法处	公函	74—74	民丑字第321号
四川省大邑县法院民事案件	002—002—0013—0039	002	002	1947	0013	0039	四川新津县司法处书记室关于已送达判决书的公函		四川高等法院	19480405	19480405	1	四川高等法院	公函	75—75	民字第7358号
四川省大邑县法院民事案件	002—002—0013—0040	002	002	1947	0013	0040	干绍廷、干绍云上诉判决书送达证书		四川新津县司法处	19480525	19480525	2		送达证书	76—77	

全宗名称	档号	全宗号	目录号	年度	案卷号	顺序号	文件题名	责任人	责任者	起始时间	终止时间	页数	受文者	文种	起止页码	文号
四川省大邑县法院民事案件	002—002—0013—0041	002	002	1947	0013	0041	法院文卷保存期限规程摘录		四川新津县司法处	19480000	19480000	2		规程摘录及封底	78—79	
四川省大邑县法院民事案件	002—002—0014—0001	002	002	1947	0014	0001	四川大邑县人民法院王茂林诉徐次侯债务案件第一审民事诉讼卷宗封面		四川大邑县人民法院	19470000	19470000	1		目录	1—1	
四川省大邑县法院民事案件	002—002—0014—0002	002	002	1947	0014	0002	四川大邑县法院王茂林诉徐次侯债务案件卷宗登记表		四川大邑县法院	1947000	19470000	1		登记表	2—2	
四川省大邑县法院民事案件	002—002—0014—0003	002	002	1947	0014	0003	四川高等法院关于函送王茂林、徐次侯卷宗材料的公函		四川高等法院民事第三庭	19370712	19370712	1	最高法院书记厅	公函	3—3	民字第8269号
四川省大邑县法院民事案件	002—002—0014—0004	002	002	1947	0014	0004	王茂林诉徐次侯案件鞠安正标目		四川高等法院	19470000	19470000	1		目录	4—4	
四川省大邑县法院民事案件	002—002—0014—0005	002	002	1947	0014	0005	王茂林上诉状	具状人王茂林		19470603	19470603	2		上诉状	5—6	
四川省大邑县法院民事案件	002—002—0014—0006	002	002	1947	0014	0006	四川高等法院民事裁定		四川高等法院	19470610	19470610	1		裁定	7—7	上字第188号
四川省大邑县法院民事案件	002—002—0014—0007	002	002	1947	0014	0007	四川高等法院关于送达裁定书并签收送达证书的公函		四川高等法院	19370613	19370613	1	四川新津县司法处	公函	8—8	民字第7100号
四川省大邑县法院民事案件	002—002—0014—0008	002	002	1947	0014	0008	王茂林民事上诉状	具状人王茂林		19470617	19470617	2	四川高等法院	上诉状	9—10	

全宗名称	档号	全宗号	目录号	年度	案卷号	顺序号	文件题名	责任人	责任者	起始时间	终止时间	页数	受文者	文种	起止页码	文号
四川省大邑县法院民事案件	002—002—0014—0009	002	002	1947	0014	0009	四川新津县司法处关于既已送达裁定书并签收送达证书的公函		四川新津县司法处	19470707	19470707	1		公函	11—11	诉字第404号
四川省大邑县法院民事案件	002—002—0014—0010	002	002	1947	0014	0010	徐次侯、王茂林上诉状副本、裁定书的送达回证		四川高等法院	19470610	19470610	2		送达证书	12—13	
四川省大邑县法院民事案件	002—002—0014—0011	002	002	1947	0014	0011	王茂林上诉状	具状人王茂林		19470723	19470723	2		上诉状	14—15	
四川省大邑县法院民事案件	002—002—0014—0012	002	002	1947	0014	0012	王茂林缴纳缮状费代用司法印纸联单		最高法院书记厅	19470728	19470728	1		收据	16—16	
四川省大邑县法院民事案件	002—002—0014—0013	002	002	1947	0014	0013	最高院书记厅函请新津县司法处送达上诉状副本并签收送达证书的公函		最高法院书记厅	19471120	19471120	1	四川新津县司法处	公函	17—17	
四川省大邑县法院民事案件	002—002—0014—0014	002	002	1947	0014	0014	四川新津县司法处书记室关于既已送达上诉状副本并签收送达证书的公函		四川新津县司法处	19480115	19480115	1	最高法院	公函	18—18	诉字第1015号
四川省大邑县法院民事案件	002—002—0014—0015	002	002	1947	0014	0015	上诉状副本送达证书	新津县司法处		19471215	19471215	2		送达证书	19—20	
四川省大邑县法院民事案件	002—002—0014—0016	002	002	1947	0014	0016	卷宗材料目录		四川新津县司法处	19470000	19470000	1		目录	21—21	
四川省大邑县法院民事案件	002—002—0014—0017	002	002	1947	0014	0017	张崇礼民事起诉书	具状人张崇礼		19480701	19480701	9	四川新津县司法处	起诉书	22—30	

全宗名称	档号	全宗号	目录号	年度	案卷号	顺序号	文件题名	责任人	责任者	起始时间	终止时间	页数	受文者	文种	起止页码	文号
四川省大邑县法院民事案件	002—002—0014—0018	002	002	1947	0014	0018	四川新津县司法处函请派员送法案卷材料之四川成都地方法院的公函		四川新津县司法处	19470728	19470728	1	四川新津县司法处	公函	31—31	诉字第76号
四川省大邑县法院民事案件	002—002—0014—0019	002	002	1947	0014	0019	张谦律师通知书的送达证书		四川新津县司法处	19480704	19480704	2		送达证书	32—33	
四川省大邑县法院民事案件	002—002—0014—0020	002	002	1947	0014	0020	四川成都地方法院民事书记科公函		四川成都地方法院书记科	19480713	19480713	1		公函	34—34	信他字第3568号
四川省大邑县法院民事案件	002—002—0014—0021	002	002	1947	0014	0021	四川新津县司法处通知的送达证书		四川新津县司法处	19470623	19470623	1		送达证书	35—35	
四川省大邑县法院民事案件	002—002—0014—0022	002	002	1947	0014	0022	杨宋淑义民事答辩状	具状人杨宋淑义		19480719	19480719	5		答辩状	36—40	
四川省大邑县法院民事案件	002—002—0014—0023	002	002	1947	0014	0023	杨宋淑义民事委任状		四川新津县司法处	19480721	19480721	1		委任状	41—41	
四川省大邑县法院民事案件	002—002—0014—0024	002	002	1947	0014	0024	四川新津县司法处民庭点名单		四川新津县司法处	19480721	19480721	1		点名单	42—42	
四川省大邑县法院民事案件	002—002—0014—0025	002	002	1947	0014	0025	新津县司法处庭审笔录		四川新津县司法处	19480721	19480721	7		笔录	43—49	
四川省大邑县法院民事案件	002—002—0014—0026	002	002	1947	0014	0026	杨宋淑义等人判决书送达证书		四川新津县司法处	19480729	19480729	2		送达证书	50—51	
四川省大邑县法院民事案件	002—002—0014—0027	002	002	1947	0014	0027	张崇礼民事领状	具状人张崇礼		19480814	19480814	4		民事领状	52—55	
四川省大邑县法院民事案件	002—002—0015—0001	002	002	1947	0015	0001	四川高等法院刘李氏诉陈芬如返还欠款卷宗封面		四川高等法院	19470000	19470000	1		封面	1—1	

全宗名称	档号	全宗号	目录号	年度	案卷号	顺序号	文件题名	责任人	责任者	起始时间	终止时间	页数	受文者	文种	起止页码	文号
四川省大邑县法院民事案件	002—002—0015—0002	002	002	1947	0015	0002	四川高等法院刘李氏诉陈芬如返还欠款案卷材料目录		四川高等法院	19470000	19470000	1		目录	2—2	
四川省大邑县法院民事案件	002—002—0015—0003	002	002	1947	0015	0003	四川新津县司法处陈芬如与刘李氏请求返还欠款案件上诉函送相关案卷材料的公函		四川新津县司法处	19470602	19470602	1	四川高等法院民事庭	公函	3—3	诉字第265号
四川省大邑县法院民事案件	002—002—0015—0004	002	002	1947	0015	0004	刘李氏民事上诉状	具状人刘李氏、刘元泰		19470604	19470604	4	四川高等法院民庭	上诉状	4—7	
四川省大邑县法院民事案件	002—002—0015—0005	002	002	1947	0015	0005	刘李氏不服一审判决申请上诉的民事声请	具状人刘李氏、刘元泰		19470500	19470500	3	四川新津县司法处民庭	民事声请	8—10	
四川省大邑县法院民事案件	002—002—0015—0006	002	002	1947	0015	0006	刘李氏等缴纳上诉缮状费代用司法印纸联单		四川新津县司法处	19470512	19470512	2		印纸联单	11—12	缮字第293号
四川省大邑县法院民事案件	002—002—0015—0007	002	002	1947	0015	0007	四川新津县司法处关于缴纳第二审裁判费的裁定书		四川新津县司法处	19470500	19470500	1		裁定书	13—13	
四川省大邑县法院民事案件	002—002—0015—0008	002	002	1947	0015	0008	裁定书送达证书	四川新津县司法处		19470913	19470913	2		送达证书	14—15	
四川省大邑县法院民事案件	002—002—0015—0009	002	002	1947	0015	0009	刘李氏上诉民事缴状	具状人刘李氏、刘元泰		19470500	19470500	3	四川高等法院民庭	民事缴状	16—18	

全宗名称	档号	全宗号	目录号	年度	案卷号	顺序号	文件题名	责任人	责任者	起始时间	终止时间	页数	受文者	文种	起止页码	文号
四川省大邑县法院民事案件	002—002—0015—0010	002	002	1947	0015	0010	四川高等法院返还欠款民事案件审理单	四川高等法院		19470707	19470707	1		审理单	19—19	上字第9号
四川省大邑县法院民事案件	002—002—0015—0011	002	002	1947	0015	0011	四川高等法院确定言辞辩论日期并相应检送文书的公函		四川高等法院	19470609	19470609	1	四川新津县司法处	公函	20—20	字　第6827号
四川省大邑县法院民事案件	002—002—0015—0012	002	002	1947	0015	0012	刘李氏、刘元泰传票送达证书		四川高等法院	19470607	19470607	1		送达证书	21—21	
四川省大邑县法院民事案件	002—002—0015—0013	002	002	1947	0015	0013	陈芬如民事反诉状	具状人陈芬如		1947071	19470701	6	四川高等法院	反诉状	22—27	
四川省大邑县法院民事案件	002—002—0015—0014	002	002	1947	0015	0014	四川省高等法院民一庭点名单	审判员熊兆祥	四川高等法院	19470707	19470707	1		点名单	28—28	
四川省大邑县法院民事案件	002—002—0015—0015	002	002	1947	0015	0015	刘李氏与陈芬如返还欠款案言辞辩论笔录	审判长宋维经	四川高等法院	19470707	19470707	3		笔录	29—31	
四川省大邑县法院民事案件	002—002—0015—0016	002	002	1947	0015	0016	四川高等法院刘李氏诉陈芬如返还欠款案件宣示判决笔录	审判长宋维经	四川高等法院	19470707	19470707	1		笔录	32—32	
四川省大邑县法院民事案件	002—002—0015—0017	002	002	1947	0015	0017	四川高等法院刘李氏诉陈芬如返还欠款案民事判决书	审判长宋维经	四川高等法院	19470707	19470707	2		判决书	33—34	
四川省大邑县法院民事案件	002—002—0015—0018	002	002	1947	0015	0018	四川高等法院关于送达判决书的公函		四川高等法院民事第一庭	19470802	19470802	1	四川新津县司法处	公函	35—35	字　第9178号

全宗名称	档号	全宗号	目录号	年度	案卷号	顺序号	文件题名	责任人	责任者	起始时间	终止时间	页数	受文者	文种	起止页码	文号
四川省大邑县法院民事案件	002—002—0015—0019	002	002	1947	0015	0019	四川新津县司法处书记室已经送达判决书并签收送达证书的公函		四川新津县司法处	19470711	19470711	1	四川高等法院民事第一庭	公函	36—36	诉字第405号
四川省大邑县法院民事案件	002—002—0015—0020	002	002	1947	0015	0020	陈芬如送达证书		四川高等法院	19470607	19470607	1		送达证书	37—37	
四川省大邑县法院民事案件	002—002—0015—0021	002	002	1947	0015	0021	四川高等法院训令：为全发陈芬如与刘李氏因返还欠款涉诉时间上诉一案全案卷宗仰即补正程式由	四川高等法院院长苏	四川高等法院	19470821	19470821	1	四川新津县司法处	训令	38—38	义字第4447号
四川省大邑县法院民事案件	002—002—0015—0022	002	002	1947	0015	0022	四川新津县司法处呈：为呈复补正陈芬如与刘李氏请求返还欠款一案卷宗程式复请核收一案	代理四川新津县司法处主任审判官王镇	四川新津县司法处	19470814	19470814	2	四川高等法院	呈	39—40	诉字第573号
四川省大邑县法院民事案件	002—002—0015—0023	002	002	1947	0015	0023	四川新津县司法处检送送达证书的公函		四川新津县司法处	19470823	19470823	1	四川高等法院	公函	41—41	诉字第789号
四川省大邑县法院民事案件	002—002—0015—0024	002	002	1947	0015	0024	刘李氏与陈芬如判决书送达证书		四川高等法院	19470731	19470731	2		送达证书	42—43	
四川省大邑县法院民事案件	002—002—0015—0025	002	002	1947	0015	0025	法院文卷保存期限规程摘录			19470000	19470000	2		规程摘录及封底	44—45	
四川省大邑县法院民事案件	002—002—0015—0026	002	002	1947	0015	0026	本卷宗连同卷面卷底及目录共计三十四页		四川高等法院	19470000	19470000	1		说明	46—46	

全宗名称	档号	全宗号	目录号	年度	案卷号	顺序号	文件题名	责任人	责任者	起始时间	终止时间	页数	受文者	文种	起止页码	文号
四川省大邑县法院民事案件	002—002—0015—0027	002	002	1947	0015	0027	陈芬如民事起诉状	具状人陈芬如		19470100	19470100	3	四川新津县司法处	起诉状	47—49	
四川省大邑县法院民事案件	002—002—0015—0028	002	002	1947	0015	0028	陈芬如缴纳缮状费代用司法印纸联单		四川新津县司法处	19470731	19479731	2		印纸联单	50—51	缮字第118号
四川省大邑县法院民事案件	002—002—0015—0029	002	002	1947	0015	0029	传票送达证书		四川新津县司法处	19470214	19470214	2		送达证书	52—53	
四川省大邑县法院民事案件	002—002—0015—0030	002	002	1947	0015	0030	刘李氏民事答辩状	具状人刘李氏、刘元泰		19470200	19470200	4	四川新津县司法处	答辩状	54—57	
四川省大邑县法院民事案件	002—002—0015—0031	002	002	1947	0015	0031	刘李氏缴纳缮状费代用司法印纸联单		四川新津县司法处	19470217	19470217	1		印纸联单	58—58	缮字第181号
四川省大邑县法院民事案件	002—002—0015—0032	002	002	1947	0015	0032	四川新津县司法处陈芬如诉刘李氏民庭点名单	张俊卿	四川新津县司法处	19470218	19470218	1		点名单	59—59	
四川省大邑县法院民事案件	002—002—0015—0033	002	002	1947	0015	0033	刘李氏与陈芬如给付欠谷案民事辩论笔录	审判员傅思源	四川新津县司法处	19470216	19470216	2		笔录	60—61	
四川省大邑县法院民事案件	002—002—0015—0034	002	002	1947	0015	0034	关于三十五年度天灾干旱的证明书	第四保保长黄理清、保长魏有学、代表刘泽芬等		19470200	19470200	4	四川新津县司法处	证明	62—65	
四川省大邑县法院民事案件	002—002—0015—0035	002	002	1947	0015	0035	缴纳证明书缮状费代用司法印纸联单		四川新津县司法处	19470226	19470226	1		印纸联单	66—66	缮字第206号

全宗名称	档号	全宗号	目录号	年度	案卷号	顺序号	文件题名	责任人	责任者	起始时间	终止时间	页数	受文者	文种	起止页码	文号
四川省大邑县法院民事案件	002—002—0015—0036	002	002	1947	0015	0036	关于三十五年确系天灾干旱的证明书		具状人安仁乡乡长胡则先、保长范理清、魏有旭等人	19470200	19470200	3	四川新津县司法处	证明	67—69	
四川省大邑县法院民事案件	002—002—0015—0037	002	002	1947	0015	0037	缴纳证明书缮状费代用司法印纸联单		四川新津县司法处	19470310	19470310	1		印纸联单	70—70	缮字第250号
四川省大邑县法院民事案件	002—002—0015—0038	002	002	1947	0015	0038	四川新津县司法处传票送达证书		四川新津县司法处	19470418	19470418	2		送达证书	71—72	
四川省大邑县法院民事案件	002—002—0015—0039	002	002	1947	0015	0039	四川新津县司法处陈芬如与刘李氏案件民事点名单	金华樑	四川新津县司法处	19470429	19470429	1		点名单	73—73	
四川省大邑县法院民事案件	002—002—0015—0040	002	002	1947	0015	0040	陈芬如诉刘李氏返还欠谷一案民事审訊笔录	审判长王镇	新津县司法处	19470429	19470429	2		笔录	74—75	
四川省大邑县法院民事案件	002—002—0015—0041	002	002	1947	0015	0041	陈芬如诉刘李氏返还欠谷宣示判决笔录	审判长王镇	新津县司法处	19470430	19470430	1		笔录	76—76	
四川省大邑县法院民事案件	002—002—0015—0042	002	002	1947	0015	0042	陈芬如诉刘李氏返还欠谷民事判决书	审判长王镇	新津县司法处民庭	19470430	19470430	2		判决书	77—78	
四川省大邑县法院民事案件	002—002—0015—0043	002	002	1947	0015	0043	判决书送达证书		四川新津县司法处	19470000	19470000	2		送达证书	79—80	
四川省大邑县法院民事案件	002—002—0015—0044	002	002	1947	0015	0044	四川高等法院刘李氏、陈芬如上诉案件登记表		四川高等法院	19470904	19470904	2		登记表	81—82	

全宗名称	档号	全宗号	目录号	年度	案卷号	顺序号	文件题名	责任人	责任者	起始时间	终止时间	页数	受文者	文种	起止页码	文号
四川省大邑县法院民事案件	002—002—0015—0045	002	002	1947	0015	0045	四川高等法院检送案卷材料的公函		四川高等法院	19471022	19471022	1	最高法院书记厅	公函	83—83	
四川省大邑县法院民事案件	002—002—0015—0046	002	002	1947	0015	0046	刘李氏上诉案卷证标目		四川高等法院	19470000	19470000	1		卷证标目	84—84	
四川省大邑县法院民事案件	002—002—0015—0047	002	002	1947	0015	0047	刘李氏民事上诉状	具状人刘李氏刘元泰		19470904	19470904	4	四川高等法院	诉状	85—88	
四川省大邑县法院民事案件	002—002—0015—0048	002	002	1947	0015	0048	最高法院检送案卷副本公函		最高法院书记厅	19481023	19481023	2	四川新津县司法处	公函	89—90	
四川省大邑县法院民事案件	002—002—0015—0049	002	002	1947	0015	0049	上诉理由缮状副本送达证书		最高法院	19480000	19480000	1		送达证书	91—91	上字第15897号
四川省大邑县法院民事案件	002—002—0015—0050	002	002	1947	0015	0050	刘李氏民事上诉状	具状人刘李氏		19480917	19480917	3	最高法院民庭	上诉状	92—94	
四川省大邑县法院民事案件	002—002—0015—0051	002	002	1947	0015	0051	刘李氏租佃案件缴纳缮状费代用司法印纸联单		四川高等法院	19480917	19480917	1		印纸联单	95—95	
四川省大邑县法院民事案件	002—002—0015—0052	002	002	1947	0015	0052	民事诉状			19460917	19470917	1	最高法院民庭	上诉状	96—96	
四川省大邑县法院民事案件	002—002—0015—0053	002	002	1947	0015	0053	四川高等法院缴纳裁判费民事裁定	四川高等法院书记官	四川高等法院	19470000	19470000	1		裁定书	97—97	
四川省大邑县法院民事案件	002—002—0015—0054	002	002	1947	0015	0054	裁定书及上诉理由送达证书		四川高等法院	19470913	19470913	2		送达证书	98—99	
四川省大邑县法院民事案件	002—002—0015—0055	002	002	1947	0015	0055	刘李氏民事缴状	具状人刘李氏		19470928	19470928	2	最高法院民庭	缴状	100—101	

全宗名称	档号	全宗号	目录号	年度	案卷号	顺序号	文件题名	责任人	责任者	起始时间	终止时间	页数	受文者	文种	起止页码	文号
四川省大邑县法院民事案件	002—002—0015—0056	002	002	1947	0015	0056	最高法院书记厅函查刘李氏案判决正本送达日期由		最高法院书记厅	19480629	19480629	3	四川高等法院	公函	102—104	民文字第5719号
四川省大邑县法院民事案件	002—002—0015—0057	002	002	1947	0015	0057	确收到判决副本的证明	具状人刘李氏、刘元泰		19480800	19480800	1		说明	105—105	
四川省大邑县法院民事案件	002—002—0015—0058	002	002	1947	0015	0058	刘李氏缴纳裁判费代用司法尹印纸联单		最高法院	19471003	19471003	1		印纸联单	106—106	
四川省大邑县法院民事案件	002—002—0016—0001	002	002	1947	0016	0001	四川省高等法院宁田氏诉宁斌赡养案卷宗封面		四川高等法院	19470000	19470000	1		卷宗封面	1—1	
四川省大邑县法院民事案件	002—002—0016—0002	002	002	1947	0016	0002	裁判费代用司法印纸联单		最高法院	19480109	19480109	1		印纸联单	2—2	
四川省大邑县法院民事案件	002—002—0016—0003	002	002	1947	0016	0003	案件登记表		最高法院	19480000	19480000	1		登记表	3—3	
四川省大邑县法院民事案件	002—002—0016—0004	002	002	1947	0016	0004	卷宗目录		最高法院	19470000	19470000	1		目录	4—4	
四川省大邑县法院民事案件	002—002—0016—0005	002	002	1947	0016	0005	宁田氏民事续呈	具状人宁田氏		19470500	19470500	3	四川新津县司法处	呈	5—7	
四川省大邑县法院民事案件	002—002—0016—0006	002	002	1947	0016	0006	缴纳缮状费代用司法印纸联单		四川新津县司法处	19470503	19470503	2		印纸联单	8—9	36年度缮字第883号
四川省大邑县法院民事案件	002—002—0016—0007	002	002	1947	0016	0007	宁俊辉民事辩诉状	具状人宁俊辉		19470500	19470500	5	四川新津县司法处	辩诉状	10—14	

全宗名称	档号	全宗号	目录号	年度	案卷号	顺序号	文件题名	责任人	责任者	起始时间	终止时间	页数	受文者	文种	起止页码	文号
四川省大邑县法院民事案件	002—002—0016—0008	002	002	1947	0016	0008	宁俊辉缴纳缮状费代用司法印纸联单		四川新津县司法处	19470510	19470510	1	四川新津县司法处	代用司法印纸联单	15—15	36年度缮字第281号
四川省大邑县法院民事案件	002—002—0016—0009	002	002	1947	0016	0009	宁俊辉民事展限	具状人宁俊辉		19470512	19470512	4	四川新津县司法处民事庭	民事展限	16—19	
四川省大邑县法院民事案件	002—002—0016—0010	002	002	1947	0016	0010	新津县司法处缴纳缮状费代用司法印纸联单		四川新津县司法处	19470512	19470512	2		印纸联单	20—21	36年度缮字第291号
四川省大邑县法院民事案件	002—002—0016—0011	002	002	1947	0016	0011	新津县司法处传票送达证书		四川新津县司法处	19470508	19470508	2		送达证书	22—23	
四川省大邑县法院民事案件	002—002—0016—0012	002	002	1947	0016	0012	四川新津县司法民事点名单	傅文华	四川新津县司法处	19470515	19470515	1		点名单	24—24	
四川省大邑县法院民事案件	002—002—0016—0013	002	002	1947	0016	0013	宁斌民事答辩状	具状人宁斌		19470529	19470529	5		答辩状	25—29	
四川省大邑县法院民事案件	002—002—0016—0014	002	002	1947	0016	0014	宁斌缴纳缮状费代用司法印纸联单		四川新津县司法处	19470529	19470529	1			30—30	缮字第341号
四川省大邑县法院民事案件	002—002—0016—0015	002	002	1947	0016	0015	宁斌等人传票送达证书		四川新津县司法处	19470520	19470520	2		送达证书	31—32	
四川省大邑县法院民事案件	002—002—0016—0016	002	002	1947	0016	0016	宁田氏、宁斌点名单	傅文华	四川新津县司法处	19470529	19470529	1		点名单	33—33	
四川省大邑县法院民事案件	002—002—0016—0017	002	002	1947	0016	0017	宁田氏、宁斌审讯笔录	审判员邓奎武	四川新津县司法处民庭	19470529	19470529	4		笔录	34—37	
四川省大邑县法院民事案件	002—002—0016—0018	002	002	1947	0016	0018	宁田氏民事续状	具状人宁田氏		19470530	19470530	4	四川新津县司法处	续状	38—41	

全宗名称	档号	全宗号	目录号	年度	案卷号	顺序号	文件题名	责任人	责任者	起始时间	终止时间	页数	受文者	文种	起止页码	文号
四川省大邑县法院民事案件	002—002—0016—0019	002	002	1947	0016	0019	新津县司法处宁田氏缴纳缮状费代用司法印纸联单		四川新津县司法处	19470530	19470530	1		印纸联单	42—42	缮字第404号
四川省大邑县法院民事案件	002—002—0016—0020	002	002	1947	0016	0020	新津县司法处传票送达证书		四川新津县司法处	19470616	19470616	4		送达证书	43—46	
四川省大邑县法院民事案件	002—002—0016—0021	002	002	1947	0016	0021	新津县司法处民庭点名单	傅文华	新津县司法处	19470618	19470618	1		点名单	47—47	
四川省大邑县法院民事案件	002—002—0016—0022	002	002	1947	0016	0022	宁田氏宁斌请求给付一案审訉笔录	审判长登奎武	四川新津县司法处	19470618	19470618	4		笔录	48—51	
四川省大邑县法院民事案件	002—002—0016—0023	002	002	1947	0016	0023	宁田氏民事续呈	具状人宁田氏、宁文宇		19470619	19470619	3	四川新津县司法处民庭	呈	52—54	
四川省大邑县法院民事案件	002—002—0016—0024	002	002	1947	0016	0024	宁田氏缴纳缮状费代用司法印纸联单		四川新津县司法处	19470619	19470619	1		印纸联单	55—55	缮字第503号
四川省大邑县法院民事案件	002—002—0016—0025	002	002	1947	0016	0025	宁田氏、宁文宇民事诉状	具状人宁田氏、宁文宇		19470600	19470600	3	四川新津县司法处	诉状	56—58	
四川省大邑县法院民事案件	002—002—0016—0026	002	002	1947	0016	0026	宁田氏缴纳缮状费代用司法印纸联单		四川新津县司法处	19470624	19470624	1		印纸联单	59—59	缮字第526号
四川省大邑县法院民事案件	002—002—0016—0027	002	002	1947	0016	0027	新津县司法处传票送达证书		四川新津县司法处	19470721	19470721	2		送达证书	60—61	
四川省大邑县法院民事案件	002—002—0016—0028	002	002	1947	0016	0028	四川新津县司法处民庭点名单		四川新津县司法处	19470000	19470000	1		点名单	62—62	

全宗名称	档号	全宗号	目录号	年度	案卷号	顺序号	文件题名	责任人	责任者	起始时间	终止时间	页数	受文者	文种	起止页码	文号
四川省大邑县法院民事案件	002—002—0016—0029	002	002	1947	0016	0029	新津县司法处宁田氏宁斌请求给付一案审訊笔录		四川新津县司法处	19470723	19470723	2		笔录	63—64	
四川省大邑县法院民事案件	002—002—0016—0030	002	002	1947	0016	0030	宁田氏宁斌请求给付一案宣示笔录	审判长邓奎武	四川新津县司法处	19470724	19470724	1		笔录	65—65	
四川省大邑县法院民事案件	002—002—0016—0031	002	002	1947	0016	0031	新津县司法处宁田氏宁斌请求给付案判决书	审判长邓奎武	四川新津县司法处	19470724	19470724	4		判决书	66—69	
四川省大邑县法院民事案件	002—002—0016—0032	002	002	1947	0016	0032	判决书送达证书		四川新津县司法处	19470725	19470725	1		送达证书	70—70	
四川省大邑县法院民事案件	002—002—0016—0033	002	002	1947	0016	0033	最高院重庆分庭民事判决书	审判长推事武起风	最高法院重庆分厅民事第一庭	19471020	19471020	2		判决书	71—72	
四川省大邑县法院民事案件	002—002—0016—0034	002	002	1947	0016	0034	买卖房地契约两则			19470000	19470000	5		契约	72—76	
四川省大邑县法院民事案件	002—002—0016—0035	002	002	1947	0016	0035	最高法院重庆分厅民事第一庭关于宁斌上诉一案民事裁定	审判长推事武起风	最高法院重庆分厅民事第一庭	19471030	19471030	3		裁定书	77—79	渝上字第580号
四川省大邑县法院民事案件	002—002—0016—0036	002	002	1947	0016	0036	四川高等法院民事第二庭公函		四川高等法院民事第二庭	19471229	19471229	1		公函	80—80	民丑字第14881号
四川省大邑县法院民事案件	002—002—0016—0037	002	002	1947	0016	0037	宁斌案卷证标目		四川高等法院	19470000	19470000	2		标目	81—82	
四川省大邑县法院民事案件	002—002—0016—0038	002	002	1947	0016	0038	宁斌上诉状	具状人宁斌		19471100	19471100	4	四川高等法院	上诉状	83—86	
四川省大邑县法院民事案件	002—002—0016—0039	002	002	1947	0016	0039	宁斌上诉状	具状人宁斌		19471100	19471100	4	四川高等法院	上诉状	87—90	

全宗名称	档号	全宗号	目录号	年度	案卷号	顺序号	文件题名	责任人	责任者	起始时间	终止时间	页数	受文者	文种	起止页码	文号
四川省大邑县法院民事案件	002—002—0016—0040	002	002	1947	0016	0040	四川高等法院民事裁定		四川高等法院民事第二庭	19471111	19471111	2		裁定书	91—92	
四川省大邑县法院民事案件	002—002—0016—0041	002	002	1947	0016	0041	四川高等法院民事第二庭公函稿		四川高等法院民事第二庭	19471114	19471114	1	四川新津县司法处	公函	93—93	
四川省大邑县法院民事案件	002—002—0016—0042	002	002	1947	0016	0042	四川新津县司法处书记室公函		四川新津县司法处	19471204	19471204	1	四川高等法院民事庭	公函	94—94	民字第908号
四川省大邑县法院民事案件	002—002—0016—0043	002	002	1947	0016	0043	裁定书正本送达证书		四川新津县司法处	19471111	19471111	2		送达证书	95—96	
四川省大邑县法院民事案件	002—002—0016—0044	002	002	1947	0016	0044	宁田氏等人民事辩诉状	具状人宁田氏		19471200	19471200	5	四川高等法院	诉状	97—101	
四川省大邑县法院民事案件	002—002—0017—0001	002	002	1947	0017	0001	四川大邑县人民法院徐次侯返债务卷宗封面		四川大邑县人民法院	19470000	19470000	1		封面	1—1	
四川省大邑县法院民事案件	002—002—0017—0002	002	002	1947	0017	0002	四川高等法院民事上诉卷宗登记表		四川高等法院	19470000	19470000	1		登记表	2—2	
四川省大邑县法院民事案件	002—002—0017—0003	002	002	1947	0017	0003	目录		四川高等法院	19470000	19470000	2		目录	3—4	
四川省大邑县法院民事案件	002—002—0017—0004	002	002	1947	0017	0004	四川新津县司法处公函：为据情转送徐次侯告王茂林为偿还债务案卷由		四川新津县司法处	19470208	19470208	1	四川高等法院民事庭	公函	5—5	诉字第105号
四川省大邑县法院民事案件	002—002—0017—0005	002	002	1947	0017	0005	王茂林民事声明	具状人王茂林		19470105	19470105	4	四川高等法院	声明书	6—9	

全宗名称	档号	全宗号	目录号	年度	案卷号	顺序号	文件题名	责任人	责任者	起始时间	终止时间	页数	受文者	文种	起止页码	文号
四川省大邑县法院民事案件	002—002—0017—0006	002	002	1947	0017	0006	王茂林缴纳声请费代用司法印纸联单		四川新津县司法处	19460106	19460106	1		印纸联单	10—10	非字第5号
四川省大邑县法院民事案件	002—002—0017—0007	002	002	1947	0017	0007	王茂林民事缴状	具状人王茂林		19470200	19470200	4	四川高等法院	缴状	11—14	
四川省大邑县法院民事案件	002—002—0017—0008	002	002	1947	0017	0008	王茂林民事委任状	具状人王茂林		19470315	19470315	4	四川高等法院民庭	委状	15—18	
四川省大邑县法院民事案件	002—002—0017—0009	002	002	1947	0017	0009	四川高等法院民事案件审理单		四川高等法院	19470315	19470315	1		审理单	19—19	
四川省大邑县法院民事案件	002—002—0017—0010	002	002	1947	0017	0010	四川高等法院公函		四川高等法院	19470320	19470320	1	四川新津县司法处	公函	20—20	字第2937号
四川省大邑县法院民事案件	002—002—0017—0011	002	002	1947	0017	0011	四川高等法院送达通知书送达证书		四川高等法院	19470318	19470318	1		送达证书	21—21	
四川省大邑县法院民事案件	002—002—0017—0012	002	002	1947	0017	0012	四川新津县司法处书记室公函		四川新津县司法处	19470400	19470400	1	四川高等法院民事第三庭	公函	22—22	字第78号
四川省大邑县法院民事案件	002—002—0017—0013	002	002	1947	0017	0013	传票送达证书		四川高等法院	19470318	19470318	4		送达证书	23—26	
四川省大邑县法院民事案件	002—002—0017—0014	002	002	1947	0017	0014	呈为结证徐次侯实曾减让树价白米捌老石实属不虚	证明人吕静安、中兴乡乡长吕育松等人		19470400	19470400	4	四川高等法院	呈	27—30	
四川省大邑县法院民事案件	002—002—0017—0015	002	002	1947	0017	0015	四川高等法院民三庭点名单	杨德厚	四川高等法院	19470421	19470421	2		点名单	31—32	

全宗名称	档号	全宗号	目录号	年度	案卷号	顺序号	文件题名	责任人	责任者	起始时间	终止时间	页数	受文者	文种	起止页码	文号
四川省大邑县法院民事案件	002—002—0017—0016	002	002	1947	0017	0016	言辞辩论闭路	审判长余其贞	四川高等法院	19470421	19470421	5		笔录	33—37	
四川省大邑县法院民事案件	002—002—0017—0017	002	002	1947	0017	0017	结文：今到案为证人当据实陈述绝无匿饰增减此结		四川高等法院	19470421	19470421	1		结文	38—38	
四川省大邑县法院民事案件	002—002—0017—0018	002	002	1947	0017	0018	徐次侯委任状	具状人徐次侯		19470421	19470421	4	四川高等法院民第庭	委任状	39—42	
四川省大邑县法院民事案件	002—002—0017—0019	002	002	1947	0017	0019	王茂林民事上诉状	具状人王茂林		19470422	19470422	10	四川高等法院民事庭	上诉状及其副状	43—52	
四川省大邑县法院民事案件	002—002—0017—0020	002	002	1947	0017	0020	徐次侯民事诉状	具状人徐次侯		19470422	19470422	5	四川高等法院民事庭	诉状	53—57	
四川省大邑县法院民事案件	002—002—0017—0021	002	002	1947	0017	0021	四川高等法院民事第三庭徐次侯王茂林上诉案宣判笔录	审判长余其贞	四川高等法院第三庭	19470425	19470425	2		笔录	58—59	
四川省大邑县法院民事案件	002—002—0017—0022	002	002	1947	0017	0022	四川高等法院民事判决书	审判长余其贞	四川高等法院第三庭	19470425	19470425	5		判决书	60—64	上字第188号
四川省大邑县法院民事案件	002—002—0017—0023	002	002	1947	0017	0023	四川高等法院公函		四川高等法院	19470513	19470513	1	新津县司法处	公函	65—65	上字第5481号
四川省大邑县法院民事案件	002—002—0017—0024	002	002	1947	0017	0024	四川新津县司法处公函		四川新津县司法处书记室	19470613	19470613	1	四川高等法院	公函	66—66	诉字第260号
四川省大邑县法院民事案件	002—002—0017—0025	002	002	1947	0017	0025	判决书送达证书		四川新津县司法处	19470507	19470507	1		送达证书	67—67	

全宗名称	档号	全宗号	目录号	年度	案卷号	顺序号	文件题名	责任人	责任者	起始时间	终止时间	页数	受文者	文种	起止页码	文号
四川省大邑县法院民事案件	002—002—0017—0026	002	002	1947	0017	0026	四川高等法院裁判费代用司法印纸联单		四川高等法院	19470303	19470303	1		印纸联单	68—68	
四川省大邑县法院民事案件	002—002—0017—0027	002	002	1947	0017	0027	王茂林判决书正本送达证书		四川高等法院	19470507	19470507	1		送达证书	69—69	
四川省大邑县法院民事案件	002—002—0017—0028	002	002	1947	0017	0028	法院文卷保存期限规程摘录		四川高等法院	19470000	19470000	2		规程摘录及封底	70—71	
四川省大邑县法院民事案件	002—002—0017—0029	002	002	1947	0017	0029	徐次侯民事诉状	具状人徐次侯		19460400	19460400	6	四川新津县司法处	诉状	72—77	
四川省大邑县法院民事案件	002—002—0017—0030	002	002	1947	0017	0030	徐次侯缴纳缮状费代用司法印纸联单		四川新津县司法处	19470417	19470417	2		印纸联单	78—79	缮字第327号
四川省大邑县法院民事案件	002—002—0017—0031	002	002	1947	0017	0031	王茂林民事答辩状	具状人王茂林		19460400	19460400	5	四川新津县司法处	答辩状	80—84	
四川省大邑县法院民事案件	002—002—0017—0032	002	002	1947	0017	0032	王茂林缴纳缮状费代用司法印纸联单		四川新津县司法处	19460427	19460427	1		印纸联单	85—85	缮字第346号
四川省大邑县法院民事案件	002—002—0017—0033	002	002	1947	0017	0033	王茂林、徐次侯传票送达证书		四川新津县司法处	19460420	19460420	2		送达证书	86—87	
四川省大邑县法院民事案件	002—002—0017—0034	002	002	1947	0017	0034	四川新津县司法处民事点名单		四川新津县司法处	19460930	19460430	2		点名单	88—89	
四川省大邑县法院民事案件	002—002—0017—0035	002	002	1947	0017	0035	徐次侯、王茂林言辞辩论笔录	审判员傅思源	四川新津县司法处	19460430	19460430	3		笔录	90—92	

全宗名称	档号	全宗号	目录号	年度	案卷号	顺序号	文件题名	责任人	责任者	起始时间	终止时间	页数	受文者	文种	起止页码	文号
四川省大邑县法院民事案件	002—002—0017—0036	002	002	1947	0017	0036	新津县司法处公函：函请查收发徐次侯与王茂林交付白米款情形一案由		四川新津县司法处	19460500	19460500	2	中兴乡公所	公函	93—94	
四川省大邑县法院民事案件	002—002—0017—0037	002	002	1947	0017	0037	王茂林民事答辩状	具状人王茂林		19460504	19460504	5	司法处审判官傅	答辩状	95—99	
四川省大邑县法院民事案件	002—002—0017—0038	002	002	1947	0017	0038	王茂林缴纳缮状费代用司法印纸联单		四川新津县司法处	19460504	19460504	1		印纸联单	100—100	
四川省大邑县法院民事案件	002—002—0017—0039	002	002	1947	0017	0039	徐次侯向新津县司法处的呈	徐次侯		19460608	19460608	1	四川新津县司法处	呈	101—101	
四川省大邑县法院民事案件	002—002—0017—0040	002	002	1947	0017	0040	新津县司法处公函：为函请确查发徐次侯与王茂林交付白米情形一案由		四川新津县司法处	19460720	19460720	1	中兴乡公所	公函	102—102	478号
四川省大邑县法院民事案件	002—002—0017—0041	002	002	1947	0017	0041	徐次侯民事起诉状	具状人徐次侯		19461000	19461000	4	四川新津县司法处	诉状	102—106	
四川省大邑县法院民事案件	002—002—0017—0042	002	002	1947	0017	0042	新津县司法处徐次侯缴纳缮状费代用司法印纸联单		四川新津县司法处	19461018	19461018	1		印纸联单	107—107	缮字第982号
四川省大邑县法院民事案件	002—002—0017—0043	002	002	1947	0017	0043	传票送达证书		四川新津县司法处	19461019	19461019	3		送达证书	108—110	缮字第50号
四川省大邑县法院民事案件	002—002—0017—0044	002	002	1947	0017	0044	王茂林民事声请	具状人王茂林		19461024	19461024	4	四川新津县司法处	声请书	111—114	

全宗名称	档号	全宗号	目录号	年度	案卷号	顺序号	文件题名	责任人	责任者	起始时间	终止时间	页数	受文者	文种	起止页码	文号
四川省大邑县法院民事案件	002—002—0017—0045	002	002	1947	0017	0045	王茂林缴纳缮状费代用司法印纸联单		四川新津县司法处	19461024	19461024	2		印纸联单	115—116	缮字第1027号
四川省大邑县法院民事案件	002—002—0017—0046	002	002	1947	0017	0046	四川新津县司法处民庭点名单		四川新津县司法处	19461026	19461025	2		点名单	117—118	
四川省大邑县法院民事案件	002—002—0017—0047	002	002	1947	0017	0047	徐次侯、王茂林言辞辩论笔录	审判官付思源	四川新津县司法处	19461025	19461025	2		笔录	119—120	
四川省大邑县法院民事案件	002—002—0017—0048	002	002	1947	0017	0048	王茂林、徐次侯宣示判决笔录	审判官傅思源	四川新津县司法处	19461028	19461028	1		笔录	121—121	
四川省大邑县法院民事案件	002—002—0017—0049	002	002	1947	0017	0049	徐次侯、王茂林请求偿还白米案四川新津县司法处民事判决书	审判官傅思源	四川新津县司法处	19461028	19461028	5		判决书	122—126	
四川省大邑县法院民事案件	002—002—0017—0050	002	002	1947	0017	0050	徐次侯请求发给判决书的呈	徐次侯		19461212	19461212	1	四川新津县司法处	呈	127—127	
四川省大邑县法院民事案件	002—002—0017—0051	002	002	1947	0017	0051	判决书送达证书		四川新津县司法处	19461213	19461213	2		送达证书	128—129	
四川省大邑县法院民事案件	002—002—0017—0052	002	002	1947	0017	0052	新津县司法处驳回起诉的民事裁定	审判官傅思源	四川新津县司法处	19470111	19470111	1		裁定	130—130	
四川省大邑县法院民事案件	002—002—0017—0053	002	002	1947	0017	0053	裁定书送达证书		四川新津县司法处	19470211	19470211	2		送达证书	131—132	
四川省大邑县法院民事案件	002—002—0018—0001	002	002	1947	0018	0001	四川新津县司法杨茂和诉沈质宾返还债务案件第一审民事诉讼卷宗封面		四川新津县司法处	19470000	19470000	1		封面	1—1	

全宗名称	档号	全宗号	目录号	年度	案卷号	顺序号	文件题名	责任人	责任者	起始时间	终止时间	页数	受文者	文种	起止页码	文号
四川省大邑县法院民事案件	002—002—0018—0002	002	002	1947	0018	0002	四川高等法院民事上诉卷宗登记表		四川高等法院	19480000	19480000	1		登记表	2—2	
四川省大邑县法院民事案件	002—002—0018—0003	002	002	1947	0018	0003	案卷目录		四川高等法院	19470000	19470000	2		目录	3—4	
四川省大邑县法院民事案件	002—002—0018—0004	002	002	1947	0018	0004	四川新津县司法处公函		四川新津县司法处	19470102	19470102	1	四川高等法院	公函	5—5	诉字第100号
四川省大邑县法院民事案件	002—002—0018—0005	002	002	1947	0018	0005	杨茂和上诉状		四川新津县司法处民庭	19471200	19471200	2		上诉状	6—7	
四川省大邑县法院民事案件	002—002—0018—0006	002	002	1947	0018	0006	杨茂和缴费代用司法印纸联单		四川新津县司法处	19471115	19471115	2		印纸联单	8—9	
四川省大邑县法院民事案件	002—002—0018—0007	002	002	1947	0018	0007	四川新津县司法处民事裁定		四川新津县司法处	19471218	19471218	1		裁定	9—9	
四川省大邑县法院民事案件	002—002—0018—0008	002	002	1947	0018	0008	四川新津县司法处送达证书及副本		四川新津县司法处	19471219	19471219	2		送达证书	10—11	
四川省大邑县法院民事案件	002—002—0018—0009	002	002	1947	0018	0009	杨茂和缴费记录	具状人杨茂和		19471127	19471227	2		缴费记录	12—13	
四川省大邑县法院民事案件	002—002—0018—0010	002	002	1947	0018	0010	杨茂和缴费代用司法印纸联单		四川新津县司法处	19471227	19471227	1		印纸联单	14—14	
四川省大邑县法院民事案件	002—002—0018—0011	002	002	1947	0018	0011	四川高等法院证人证物清单		四川高等法院	19471228	19471228	1		证据清单	15—15	
四川省大邑县法院民事案件	002—002—0018—0012	002	002	1947	0018	0012	四川高等法院民事案件审理单		四川高等法院	19480117	09480117	1		审理单	16—16	
四川省大邑县法院民事案件	002—002—0018—0013	002	002	1947	0018	0013	四川高等法院民事第一庭公函		四川高等法院	19480122	19480122	1		公函	17—17	
四川省大邑县法院民事案件	002—002—0018—0014	002	002	1947	0018	0014	四川高等法院民事第一庭点名单		四川高等法院	19480130	19480130	1		点名单	18—18	

全宗名称	档号	全宗号	目录号	年度	案卷号	顺序号	文件题名	责任人	责任者	起始时间	终止时间	页数	受文者	文种	起止页码	文号
四川省大邑县法院民事案件	002—002—0018—0015	002	002	1947	0018	0015	杨茂和诉沈质彬案辩论笔录		四川高等法院	19480131	19480131	2		笔录	19—20	
四川省大邑县法院民事案件	002—002—0018—0016	002	002	1947	0018	0016	沈质彬民事委任状	具状人沈质彬		19480130	19480130	3		委任状	21—23	
四川省大邑县法院民事案件	002—002—0018—0017	002	002	1947	0018	0017	杨茂和民事委任状	具状人杨茂和		19480131	19480131	4		委任状	24—27	
四川省大邑县法院民事案件	002—002—0018—0018	002	002	1947	0018	0018	杨茂和民事上诉状	具状人杨茂和		19480202	19480202	4		上诉状	28—31	
四川省大邑县法院民事案件	002—002—0018—0019	002	002	1947	0018	0019	四川高等法院民事第一庭公函		四川高等法院	19480203	19480203	1		公函	32—32	
四川省大邑县法院民事案件	002—002—0018—0020	002	002	1947	0018	0020	四川新津县司法处书记室公函		四川新津县司法处	19480205	19480205	1	四川高等法院	公函	33—33	
四川省大邑县法院民事案件	002—002—0018—0021	002	002	1947	0018	0021	杨茂和诉沈质彬案传票			19480117	19480117	3	杨茂和沈质彬等	传票	34—36	
四川省大邑县法院民事案件	002—002—0018—0022	002	002	1947	0018	0022	四川新津县司法处公函		四川新津县司法处	19480309	19480309	2	四川高等法院	公函	37—38	
四川省大邑县法院民事案件	002—002—0018—0023	002	002	1947	0018	0023	四川高等法院民事案件审理单		四川高等法院	19480315	19480315	1		审理单	39—39	
四川省大邑县法院民事案件	002—002—0018—0024	002	002	1947	0018	0024	四川高等法院民事第一庭公函		四川高等法院	19480318	19480318	1	四川新津县司法处	公函	40—40	
四川省大邑县法院民事案件	002—002—0018—0025	002	002	1947	0018	0025	杨茂和诉沈质彬案传票			19480318	19480318	3	刘汉升等	传票	41—43	
四川省大邑县法院民事案件	002—002—0018—0026	002	002	1947	0018	0026	杨茂和诉沈质彬案证明书			19480400	19480400	3		证明	44—46	
四川省大邑县法院民事案件	002—002—0018—0027	002	002	1947	0018	0027	杨茂和诉沈质彬案点名单		四川高等法院	19480410	19480410	1		点名单	47—47	

全宗名称	档号	全宗号	目录号	年度	案卷号	顺序号	文件题名	责任人	责任者	起始时间	终止时间	页数	受文者	文种	起止页码	文号
四川省大邑县法院民事案件	002—002—0018—0028	002	002	1947	0018	0028	杨茂和诉沈质彬案言辞辩论笔录		四川高等法院	19480405	19480405	5		笔录	48—52	上字第109号
四川省大邑县法院民事案件	002—002—0018—0029	002	002	1947	0018	0029	四川新津县司法处书记室公函		四川新津县司法处	19480406	19480406	1		公函	53—53	
四川省大邑县法院民事案件	002—002—0018—0030	002	002	1947	0018	0030	杨茂和诉沈质彬案传票			19480325	19480325	2		传票	54—55	
四川省大邑县法院民事案件	002—002—0018—0031	002	002	1947	0018	0031	杨茂和诉沈质彬案宣示判决笔录		四川高等法院	1948410	19480410	6		判决书	56—61	
四川省大邑县法院民事案件	002—002—0018—0032	002	002	1947	0018	0032	四川高等法院民事第一庭公函		四川高等法院	19480417	19480417	1		公函	62—62	
四川省大邑县法院民事案件	002—002—0018—0033	002	002	1947	0018	0033	四川新津县司法处书记室公函		四川新津县司法处	19480521	19480521	1		公函	63—63	
四川省大邑县法院民事案件	002—002—0018—0034	002	002	1947	0018	0034	杨茂和诉沈质彬案送达回证			19480417	19480417	2		送达回证	64—65	
四川省大邑县法院民事案件	002—002—0018—0035	002	002	1947	0018	0035	法院文件保存期限规程					2			66—67	
四川省大邑县法院民事案件	002—002—0018—0036	002	002	1947	0018	0036	杨茂和刑事自诉状	具状人杨茂和		19461216	19461216	4		自诉状	68—71	
四川省大邑县法院民事案件	002—002—0018—0037	002	002	1947	0018	0037	新津县司法处代用纸联单		四川新津县司法处	19461218	19461218	1		纸联单	72—72	
四川省大邑县法院民事案件	002—002—0018—0038	002	002	1947	0018	0038	杨茂和展限申请	具状人杨茂和		19470114	19470114	4		申请表	73—76	
四川省大邑县法院民事案件	002—002—0018—0039	002	002	1947	0018	0039	新津县司法处传票送达证书	法警王青云	四川新津县司法处	19470114	19470114	2		送达证书	77—78	
四川省大邑县法院民事案件	002—002—0018—0040	002	002	1947	0018	0040	新津县司法处刑庭点名单		四川新津县司法处	19470115	19470115	1		点名单	79—79	
四川省大邑县法院民事案件	002—002—0018—0041	002	002	1947	0018	0041	新津县司法处刑庭审讯笔录		四川新津县司法处	19470116	19470116	1		笔录	80—80	

全宗名称	档号	全宗号	目录号	年度	案卷号	顺序号	文件题名	责任人	责任者	起始时间	终止时间	页数	受文者	文种	起止页码	文号
四川省大邑县法院民事案件	002—002—0018—0042	002	002	1947	0018	0042	沈质彬等答辩状	具状人沈质彬等		19470211	19470211	3		答辩状	81—83	
四川省大邑县法院民事案件	002—002—0018—0043	002	002	1947	0018	0043	新津县司法处传票送达证书			19470221	19470221	2		送达证书	84—85	
四川省大邑县法院民事案件	002—002—0018—0044	002	002	1947	0018	0044	新津县司法处刑庭点名单		四川新津县司法处	19470227	19470227	1		点名单	86—86	
四川省大邑县法院民事案件	002—002—0018—0045	002	002	1947	0018	0045	新津县司法处刑庭审讯笔录		四川新津县司法处	19470227	19470227	4		笔录	87—90	
四川省大邑县法院民事案件	002—002—0018—0046	002	002	1947	0018	0046	沈质彬委任状	具状人沈质彬		19470227	19470227	4	马文德	委任状	91—94	
四川省大邑县法院民事案件	002—002—0018—0047	002	002	1947	0018	0047	李元亨出具的刑事证明状	具状人李元亨		19470200	19470200	3		证明状	95—97	
四川省大邑县法院民事案件	002—002—0018—0048	002	002	1947	0018	0048	新津县司法处送达证书		四川新津县司法处	19470422	19470422	2		送达证书	98—99	
四川省大邑县法院民事案件	002—002—0018—0049	002	002	1947	0018	0049	新津县司法处刑事判决		四川新津县司法处	19470000	19470000	4		判决书	100—103	
四川省大邑县法院民事案件	002—002—0018—0050	002	002	1947	0018	0050	新津县司法处送达证书		四川新津县司法处	19471200	19471200	2		送达证书	104—105	
四川省大邑县法院民事案件	002—002—0018—0051	002	002	1947	0018	0051	杨茂和民事诉状	具状人杨茂和		19470900	19470900	4		诉状	106—109	
四川省大邑县法院民事案件	002—002—0018—0052	002	002	1947	0018	0052	杨茂和缴款代用司法印纸联单			19470923	19470923	1		印纸联单	110—110	
四川省大邑县法院民事案件	002—002—0018—0053	002	002	1947	0018	0053	新津县司法处送达证书		四川新津县司法处	19471003	19471003	2		送达证书	111—112	
四川省大邑县法院民事案件	002—002—0018—0054	002	002	1947	0018	0054	沈质彬民事答辩状	具状人沈质彬		19471000	19471000	5		答辩状	113—117	

全宗名称	档号	全宗号	目录号	年度	案卷号	顺序号	文件题名	责任人	责任者	起始时间	终止时间	页数	受文者	文种	起止页码	文号
四川省大邑县法院民事案件	002—002—0018—0055	002	002	1947	0018	0055	沈质彬缴款代用司法印纸联单			19471006	19471006	1		印纸联单	118—118	
四川省大邑县法院民事案件	002—002—0018—0056	002	002	1947	0018	0056	新津县司法处民庭点名单		四川新津县司法处	19471007	19471007	1		点名单	119—119	
四川省大邑县法院民事案件	002—002—0018—0057	002	002	1947	0018	0057	新津县司法处审判笔录		四川新津县司法处	19471007	19471007	4		审判笔录	120—123	
四川省大邑县法院民事案件	002—002—0018—0058	002	002	1947	0018	0058	新津县司法处送达证书		四川新津县司法处	19471105	19471105	3		送达证书	124—126	
四川省大邑县法院民事案件	002—002—0018—0059	002	002	1947	0018	0059	新津县司法处民庭点名单		四川新津县司法处	19471105	19471105	1		点名单	127—127	
四川省大邑县法院民事案件	002—002—0018—0060	002	002	1947	0018	0060	新津县司法处审判笔录		四川新津县司法处	19471105	19471105	6		审判笔录	128—133	
四川省大邑县法院民事案件	002—002—0018—0061	002	002	1947	0018	0061	杨茂和证物			19470000	19470000	2		证明	134—135	
四川省大邑县法院民事案件	002—002—0018—0062	002	002	1947	0018	0062	新津县司法处送达证书		四川新津县司法处	19471113	19471113	3		送达证书	136—138	
四川省大邑县法院民事案件	002—002—0018—0063	002	002	1947	0018	0063	新津县司法处民庭点名单		四川新津县司法处	19471118	19471118	1		点名单	139—139	
四川省大邑县法院民事案件	002—002—0018—0064	002	002	1947	0018	0064	新津县司法处审判笔录		四川新津县司法处	19471118	19471118	2		审判笔录	140—141	
四川省大邑县法院民事案件	002—002—0018—0065	002	002	1947	0018	0065	新津县司法处民事判决		四川新津县司法处	19471128	19471128	6		判决书	142—147	
四川省大邑县法院民事案件	002—002—0018—0066	002	002	1947	0018	0066	新津县司法处送达证书			19471204	19471204	2	杨茂和、沈质彬	送达证书	148—149	
四川省大邑县法院民事案件	002—002—0019—0001	002	002	1947	0019	0001	四川省大邑县人民法院天海如诉郑玉文赔偿白米、诉讼救助民事一审卷宗封面		四川大邑县人民法院	19470000	19470000	1		封面	1—1	

全宗名称	档号	全宗号	目录号	年度	案卷号	顺序号	文件题名	责任人	责任者	起始时间	终止时间	页数	受文者	文种	起止页码	文号
四川省大邑县法院民事案件	002—002—0019—0002	002	002	1947	0019	0002	田海如民事声请书			19470816	19470930	5		声请书	2—6	
四川省大邑县法院民事案件	002—002—0019—0003	002	002	1947	0019	0003	田海如缴费代用司法印纸联单			19470813	19470813	1		印纸联单	7—7	
四川省大邑县法院民事案件	002—002—0019—0004	002	002	1947	0019	0004	裁判费用保证书		四川高等法院	19470812	19470812	1		保证书	8—8	
四川省大邑县法院民事案件	002—002—0019—0005	002	002	1947	0019	0005	田海如民事诉状副状	具状人田海如		19470812	19470812	1		诉状	9—9	
四川省大邑县法院民事案件	002—002—0019—0006	002	002	1947	0019	0006	四川高等法院民事裁定		四川高等法院	19470000	1947000	1		裁定	10—10	
四川省大邑县法院民事案件	002—002—0019—0007	002	002	1947	0019	0007	四川高等法院送达回证		四川高等法院	19470000	19470000	2		送达回证	11—12	
四川省大邑县法院民事案件	002—002—0019—0008	002	002	1947	0019	0008	郑玉文民事诉状			19470000	19470000	2		诉状	13—14	
四川省大邑县法院民事案件	002—002—0019—0009	002	002	1947	0019	0009	给付凭证	出票人余心正		19470128	19470128	1		凭证	15—15	
四川省大邑县法院民事案件	002—002—0019—0010	002	002	1947	0019	0010	郑玉文诉状	具状人郑文玉		19470600	19470600	2		诉状	16—17	
四川省大邑县法院民事案件	002—002—0019—0011	002	002	1947	0019	0011	郑文玉委任状	具状人郑文玉		19470600	19470600	3		委任状	18—20	
四川省大邑县法院民事案件	002—002—0019—0012	002	002	1947	0019	0012	郑文玉缴款代用司法印纸联单			19470619	19470619	1		印纸联单	21—21	
四川省大邑县法院民事案件	002—002—0019—0013	002	002	1947	0019	0013	郑文玉民事声请书	具状人郑文玉		19470618	19470618	3		声请书	22—24	
四川省大邑县法院民事案件	002—002—0019—0014	002	002	1947	0019	0014	郑文玉提交的证明书	证明人鲜栋臣		19470600	19470600	2		证明书	25—26	
四川省大邑县法院民事案件	002—002—0019—0015	002	002	1947	0019	0015	郑玉文提交的证明	具状人郑文玉		19470600	19470600	2		证明	27—28	

全宗名称	档号	全宗号	目录号	年度	案卷号	顺序号	文件题名	责任人	责任者	起始时间	终止时间	页数	受文者	文种	起止页码	文号
四川省大邑县法院民事案件	002—002—0019—0016	002	002	1947	0019	0016	郑文玉缴款代用司法印纸联单			19470619	19470619	1		印纸联单	29—29	
四川省大邑县法院民事案件	002—002—0019—0017	002	002	1947	0019	0017	田海如诉郑文玉案送达回证			19470623	19470623	4		送达回证	30—33	
四川省大邑县法院民事案件	002—002—0019—0018	002	002	1947	0019	0018	田海如诉郑文玉案审判笔录			19470628	19470628	6		审判笔录	34—39	
四川省大邑县法院民事案件	002—002—0019—0019	002	002	1947	0019	0019	田海如民事答辩状状	具状人田海如		19470627	19470627	5		答辩状	40—44	
四川省大邑县法院民事案件	002—002—0019—0020	002	002	1947	0019	0020	田海如缴款代用司法印纸联单			19470628	19470628	1		印纸联单	45—45	
四川省大邑县法院民事案件	002—002—0019—0021	002	002	1947	0019	0021	新津县司法处民事判决		四川新津县司法处	19470703	19470703	3		判决书	46—48	
四川省大邑县法院民事案件	002—002—0019—0022	002	002	1947	0019	0022	新津县司法处送达证书		四川新津县司法处	19470710	19470710	2		送达证书	49—50	
四川省大邑县法院民事案件	002—002—0019—0023	002	002	1947	0019	0023	田海如民事诉状	具状人田海如		19470714	19470714	2		诉状	51—52	
四川省大邑县法院民事案件	002—002—0019—0024	002	002	1947	0019	0024	田海如委托书	具状人田海如		19470118	19470118	4		委托书	53—56	
四川省大邑县法院民事案件	002—002—0019—0025	002	002	1947	0019	0025	田海如缴款代用司法印纸联单			19470711	09470711	1		印纸联单	57—57	
四川省大邑县法院民事案件	002—002—0019—0026	002	002	1947	0019	0026	四川高等法院民事上诉卷		四川高等法院	19470811	19471115	1		封面	58—58	上字1802号
四川省大邑县法院民事案件	002—002—0019—0027	002	002	1947	0019	0027	案卷目录		四川高等法院	19470000	19470000	1		目录	59—59	
四川省大邑县法院民事案件	002—002—0019—0028	002	002	1947	0019	0028	新津县司法处公函		四川新津县司法处	19470804	19470804	1	四川高等法院民事庭	公函	60—60	

全宗名称	档号	全宗号	目录号	年度	案卷号	顺序号	文件题名	责任人	责任者	起始时间	终止时间	页数	受文者	文种	起止页码	文号
四川省大邑县法院民事案件	002—002—0019—0029	002	002	1947	0019	0029	田海如民事声请书	具状人田海如		19470723	19470723	4		声请书	61—64	
四川省大邑县法院民事案件	002—002—0019—0030	002	002	1947	0019	0030	田海如缴款代用司法印纸联单			19470723	19470723	2		印纸联单	65—66	
四川省大邑县法院民事案件	002—002—0019—0031	002	002	1947	0019	0031	新津县司法处民事裁定		四川新津县司法处	19470700	19470700	4		裁定	67—70	
四川省大邑县法院民事案件	002—002—0019—0032	002	002	1947	0019	0032	案件审理单			19471003	19471003	2		审理单	71—72	
四川省大邑县法院民事案件	002—002—0019—0033	002	002	1947	0019	0033	田海如送达证书			19471003	19471003	1		送达证书	73—73	
四川省大邑县法院民事案件	002—002—0019—0034	002	002	1947	0019	0034	郑玉文民事委任状			19471101	19471101	3		委任状	74—76	
四川省大邑县法院民事案件	002—002—0019—0035	002	002	1947	0019	0035	四川高等法院民一庭点名单		四川高等法院	19471110	19471110	1		点名单	77—77	
四川省大邑县法院民事案件	002—002—0019—0036	002	002	1947	0019	0036	四川高等法院言词辩论笔录		四川高等法院	19471110	19471110	4		笔录	78—79	
四川省大邑县法院民事案件	002—002—0019—0037	002	002	1947	0019	0037	田海如民事上诉状	具状人田海如		19470000	19470000	2		上诉状	80—81	
四川省大邑县法院民事案件	002—002—0019—0038	002	002	1947	0019	0038	田海如缴款代用司法印纸联单			19471113	19471113	1		印纸联单	82—82	
四川省大邑县法院民事案件	002—002—0019—0039	002	002	1947	0019	0039	田海如所写的情况说明	具状人田海如		19471113	19471113	4		说明	83—86	
四川省大邑县法院民事案件	002—002—0019—0040	002	002	1947	0019	0040	郑玉文答辩状	具状人郑玉文		19471100	19471100	3		答辩状	87—89	
四川省大邑县法院民事案件	002—002—0019—0041	002	002	1947	0019	0041	新津县司法处书记室公函		四川新津县司法处	19471114	19471114	1		公函	90—90	
四川省大邑县法院民事案件	002—002—0019—0042	002	002	1947	0019	0042	郑玉文送达证书			19471003	19471003	1	郑玉文	送达证书	91—91	

全宗名称	档号	全宗号	目录号	年度	案卷号	顺序号	文件题名	责任人	责任者	起始时间	终止时间	页数	受文者	文种	起止页码	文号
四川省大邑县法院民事案件	002—002—0019—0043	002	002	1947	0019	0043	四川高等法院宣示判决笔录		四川高等法院	19471115	19471115	4		判决书	92—95	
四川省大邑县法院民事案件	002—002—0019—0044	002	002	1947	0019	0044	四川高等法院民事第一庭公函		四川高等法院	19471213	19471213	1		公函	96—96	
四川省大邑县法院民事案件	002—002—0019—0045	002	002	1947	0019	0045	四川高等法院训令稿		四川高等法院	19471212	19471212	1		训令稿	97—97	
四川省大邑县法院民事案件	002—002—0019—0046	002	002	1947	0019	0046	田海如送达证书			19471212	19471212	1		送达证书	98—98	
四川省大邑县法院民事案件	002—002—0019—0047	002	002	1947	0019	0047	新津县司法处书记室公函		四川新津县司法处	19480108	19480108	1		公函	99—99	
四川省大邑县法院民事案件	002—002—0019—0048	002	002	1947	0019	0048	郑玉文送达证书			19480112	19480112	1		送达证书	100—100	
四川省大邑县法院民事案件	002—002—0019—0049	002	002	1947	0019	0049	田海如上诉状			19471227	19471227	1		上诉状	101—101	
四川省大邑县法院民事案件	002—002—0019—0050	002	002	1947	0019	0050	四川高等法院民一庭公函		四川高等法院	19481022	19481022	2		公函	102—103	
四川省大邑县法院民事案件	002—002—0019—0051	002	002	1947	0019	0051	田海如证据目录			19470000	19470000	4		证据目录	104—107	
四川省大邑县法院民事案件	002—002—0019—0052	002	002	1947	0019	0052	四川高等法院民事第一庭公函		四川高等法院	19480322	19480322	1		公函	108—108	
四川省大邑县法院民事案件	002—002—0019—0053	002	002	1947	0019	0053	郑玉文送达证书			19480111	19480111	1		送达证书	109—109	
四川省大邑县法院民事案件	002—002—0019—0054	002	002	1947	0019	0054	田海如上诉声请书	具状人田海如		19471227	19471227	2		声请书	110—111	
四川省大邑县法院民事案件	002—002—0019—0055	002	002	1947	0019	0055	田海如上诉状	具状人田海如		19480105	19480105	4		上诉状	112—115	
四川省大邑县法院民事案件	002—002—0019—0056	002	002	1947	0019	0056	四川高等法院民事第一庭公函		四川高等法院	19430616	19430616	1		公函	116—116	

全宗名称	档号	全宗号	目录号	年度	案卷号	顺序号	文件题名	责任人	责任者	起始时间	终止时间	页数	受文者	文种	起止页码	文号
四川省大邑县法院民事案件	002—002—0019—0057	002	002	1947	0019	0057	郑玉文送达证书			19480310	19480310	1		送达证书	117—117	
四川省大邑县法院民事案件	002—003—0001—0001	002	003	1948	0001	0001	四川高等法院刘青云、刘志仁诉刘功荣确认捐款有效民事卷宗封面		四川高等法院	19480000	19480000	2		民事卷宗	1—2	
四川省大邑县法院民事案件	002—003—0001—0002	002	003	1948	0001	0002	案卷目录			19480000	19480000	1		目录	3—3	
四川省大邑县法院民事案件	002—003—0001—0003	002	003	1948	0001	0003	刘青云、刘志仁起诉书			19480000	19480000	3		起诉书	4—6	
四川省大邑县法院民事案件	002—003—0001—0004	002	003	1948	0001	0004	案件证据目录	具状人刘青云、刘志仁		19480600	19480600	2		证据目录	7—8	
四川省大邑县法院民事案件	002—003—0001—0005	002	003	1948	0001	0005	刘志仁缴费代用司法印纸联单			19480626	19480626	2		印纸联单	9—10	
四川省大邑县法院民事案件	002—003—0001—0006	002	003	1948	0001	0006	刘青云、刘志仁送达证书			19480723	19480723	4		送达证书	11—14	
四川省大邑县法院民事案件	002—003—0001—0007	002	003	1948	0001	0007	新津县司法处民庭点名单		四川新津县司法处	19480726	19480726	1		点名单	15—15	
四川省大邑县法院民事案件	002—003—0001—0008	002	003	1948	0001	0008	新津县司法处民庭审判笔录		四川新津县司法处	19480726	19480726	4		审判笔录	16—19	
四川省大邑县法院民事案件	002—003—0001—0009	002	003	1948	0001	0009	刘功荣民事答辩状	具状人刘功荣		19480000	19480000	3		答辩状	20—22	
四川省大邑县法院民事案件	002—003—0001—0010	002	003	1948	0001	0010	案件证据目录	具状人刘功荣		19480724	19480724	4		证据目录	23—26	
四川省大邑县法院民事案件	002—003—0001—0011	002	003	1948	0001	0011	刘功荣缴费代用司法印纸联单			19480724	19480724	1		印纸联单	27—27	

全宗名称	档号	全宗号	目录号	年度	案卷号	顺序号	文件题名	责任人	责任者	起始时间	终止时间	页数	受文者	文种	起止页码	文号
四川省大邑县法院民事案件	002—003—0001—0012	002	003	1948	0001	0012	刘青云、刘志仁民事声请书	具状人刘青云、刘志仁		1948727	19480727	6		声请书	28—33	
四川省大邑县法院民事案件	002—003—0001—0013	002	003	1948	0001	0013	刘志仁缴费代用司法印纸联单			1948727	1948727	1		印纸联单	34—34	
四川省大邑县法院民事案件	002—003—0001—0014	002	003	1948	0001	0014	刘功荣、刘易东民事声请书	具状人刘功荣、刘易东		1948727	1948727	7		声请书	35—41	
四川省大邑县法院民事案件	002—003—0001—0015	002	003	1948	0001	0015	刘功荣缴费代用司法印纸联单			1948727	1948727	1		印纸联单	42—42	
四川省大邑县法院民事案件	002—003—0001—0016	002	003	1948	0001	0016	刘志仁出具的收据	具领人刘志仁		1948727	1948727	1		收据	43—43	
四川省大邑县法院民事案件	002—003—0001—0017	002	003	1948	0001	0017	新津县民庭案件审判笔录		四川新津县司法处	1948727	1948727	4		审判笔录	44—47	
四川省大邑县法院民事案件	002—003—0001—0018	002	003	1948	0001	0018	判决送达证书			19480809	19480809	3	刘青云、刘志仁、刘功荣等	送达证书	48—50	
四川省大邑县法院民事案件	002—003—0002—0001	002	003	1948	0002	0001	四川新津县司法处周文志诉刘高梧第一审民事卷宗封面		四川新津县司法处	19480000	19480000	1		封面	1—1	
四川省大邑县法院民事案件	002—003—0002—0002	002	003	1948	0002	0002	新津县司法处出具的函件		四川新津县司法处	19480923	19480923	6		信件	2—7	
四川省大邑县法院民事案件	002—003—0002—0003	002	003	1948	0002	0003	与此案有关的报纸			19480602	19480602	2		报刊	8—9	
四川省大邑县法院民事案件	002—003—0002—0004	002	003	1948	0002	0004	新津县司法处民庭立案登记表		四川新津县司法处	19480815	19480815	1		登记表	10—10	

全宗名称	档号	全宗号	目录号	年度	案卷号	顺序号	文件题名	责任人	责任者	起始时间	终止时间	页数	受文者	文种	起止页码	文号
四川省大邑县法院民事案件	002—003—0002—0005	002	003	1948	0002	0005	卷宗目录			19480000	19480000	1		目录	11—11	
四川省大邑县法院民事案件	002—003—0002—0006	002	003	1948	0002	0006	周文志民事起诉状	具状人周文志		19480810	19480810	6		起诉状	12—17	
四川省大邑县法院民事案件	002—003—0002—0007	002	003	1948	0002	0007	周文志缴费代用司法印纸联单			19480814	19480814	2		印纸联单	18—19	
四川省大邑县法院民事案件	002—003—0002—0008	002	003	1948	0002	0008	刘高梧出具的辩驳书			19480000	19480000	1		证据	20—20	
四川省大邑县法院民事案件	002—003—0002—0009	002	003	1948	0002	0009	刘高梧民事声请书	具状人刘高梧		19480910	19480910	4		声请书	21—24	
四川省大邑县法院民事案件	002—003—0002—0010	002	003	1948	0002	0010	罗昇旺缴费代用司法印纸联单			19480914	19480914	1		印纸联单	25—25	
四川省大邑县法院民事案件	002—003—0002—0011	002	003	1948	0002	0011	周文志民事声请书			19480910	19480910	5		声请书	26—30	
四川省大邑县法院民事案件	002—003—0002—0012	002	003	1948	0002	0012	周文志缴费代用司法印纸联单			19480915	19480915	1		印纸联单	31—31	
四川省大邑县法院民事案件	002—003—0002—0013	002	003	1948	0002	0013	新津县司法处案件审理单		四川新津县司法处	19480911	19480911	1		审理单	32—32	
四川省大邑县法院民事案件	002—003—0002—0014	002	003	1948	0002	0014	案件传票		四川新津县司法处	19480913	19480913	2	周文志、刘高梧	传票	33—34	
四川省大邑县法院民事案件	002—003—0002—0015	002	003	1948	0002	0015	新津县司法处民庭点名单		四川新津县司法处	19480916	19480916	1		点名单	35—35	
四川省大邑县法院民事案件	002—003—0002—0016	002	003	1948	0002	0016	新津县司法处民庭审讯笔录		四川新津县司法处	19480916	19480916	2		笔录	36—37	
四川省大邑县法院民事案件	002—003—0002—0017	002	003	1948	0002	0017	周文志民事声请书	具状人周文志		19480923	19480923	6		声请书	38—43	
四川省大邑县法院民事案件	002—003—0002—0018	002	003	1948	0002	0018	周文志缴费代用司法印纸联单			19480923	19480923	1		印纸联单	44—44	

全宗名称	档号	全宗号	目录号	年度	案卷号	顺序号	文件题名	责任人	责任者	起始时间	终止时间	页数	受文者	文种	起止页码	文号
四川省大邑县法院民事案件	002－003－0002－0019	002	003	1948	0002	0019	四川高等法院公函		四川高等法院	19481117	19481117	2		公函	45－46	审字第1500号
四川省大邑县法院民事案件	002－003－0002－0020	002	003	1948	0002	0020	新津县司法处民庭案件审理单		四川新津县司法处	19480923	19480923	4		审理单	47－50	
四川省大邑县法院民事案件	002－003－0002－0021	002	003	1948	0002	0021	新津县司法处民事传票		四川新津县司法处	19481204	19481204	1		传票	51－51	
四川省大邑县法院民事案件	002－003－0002－0022	002	003	1948	0002	0022	新津县司法处民庭点名单		四川新津县司法处	19481204	19481204	1		点名单	52－52	
四川省大邑县法院民事案件	002－003－0002－0023	002	003	1948	0002	0023	新津县司法处民庭审判记录		四川新津县司法处	19481204	19481204	2		审判记录	53－54	
四川省大邑县法院民事案件	002－003－0002－0024	002	003	1948	0002	0024	刘高梧民事答辩状	具状人刘高梧		19481217	19481217	5		答辩状	55－59	
四川省大邑县法院民事案件	002－003－0002－0025	002	003	1948	0002	0025	刘高梧缴费代用司法印纸联单			19481217	19481217	1		印纸联单	60－60	
四川省大邑县法院民事案件	002－003－0002－0026	002	003	1948	0002	0026	新津县司法处民庭案件审理单		四川新津县司法处	19481218	19481218	4		审理单	61－64	
四川省大邑县法院民事案件	002－003－0002－0027	002	003	1948	0002	0027	新津县司法处民庭审判记录		四川新津县司法处	19481218	19481218	4		审判记录	65－68	
四川省大邑县法院民事案件	002－003－0002－0028	002	003	1948	0002	0028	新津县司法处民庭宣判笔录		四川新津县司法处	19481200	19481200	3		宣判笔录	69－71	
四川省大邑县法院民事案件	002－003－0002－0029	002	003	1948	0002	0029	判决送达证书			19481220	19481220	2	周文志、刘高梧	送达证书	72－73	
四川省大邑县法院民事案件	002－003－0002－0030	002	003	1948	0002	0030	致审判官的信件			19480000	19480000	2	叔度	信件	74－75	
四川省大邑县法院民事案件	002－003－0002－0031	002	003	1948	0002	0031	刘高梧上诉状			19480000	19480000	1		上诉状	76－76	
四川省大邑县法院民事案件	002－003－0002－0032	002	003	1948	0002	0032	四川高等法院民二庭公函		四川高等法院	19490621	19490621	1		公函	77－77	

全宗名称	档号	全宗号	目录号	年度	案卷号	顺序号	文件题名	责任人	责任者	起始时间	终止时间	页数	受文者	文种	起止页码	文号
四川省大邑县法院民事案件	002—003—0002—0033	002	003	1948	0002	0033	刘高梧提供的证据			19480000	19480000	2		证据	78—79	
四川省大邑县法院民事案件	002—003—0002—0034	002	003	1948	0002	0034	刘高梧民事声请书			19490400	19490400	3		声请书	80—82	
四川省大邑县法院民事案件	002—003—0002—0035	002	003	1948	0002	0035	四川高等法院民二庭公函		四川高等法院	19490519	19490519	1		公函	83—83	
四川省大邑县法院民事案件	002—003—0002—0036	002	003	1948	0002	0036	四川高等法院民事裁定及送达证书		四川高等法院	19490518	19490518	4	周文志、刘高梧	裁定	84—87	
四川省大邑县法院民事案件	002—003—0003—0001	002	003	1948	0003	0001	四川省大邑县熊海荣、熊海林诉王用予债务案第一审民事诉讼卷宗封面		四川大邑县人民法院	19480000	19480000	1		封面	1—1	
四川省大邑县法院民事案件	002—003—0003—0002	002	003	1948	0003	0002	熊海荣、熊海林民事上诉状	具状人熊海荣、熊海林		19480409	19480409	3		上诉状	2—4	
四川省大邑县法院民事案件	002—003—0003—0003	002	003	1948	0003	0003	熊海荣缴款代用司法印纸联单			19480409	19480409	2		印纸联单	5—6	
四川省大邑县法院民事案件	002—003—0003—0004	002	003	1948	0003	0004	新津县司法处民事裁定		四川新津县司法处	19480414	19480414	1		裁定	7—7	
四川省大邑县法院民事案件	002—003—0003—0005	002	003	1948	0003	0005	民事裁定送达证书			19480421	19480421	2		送达证书	8—9	
四川省大邑县法院民事案件	002—003—0003—0006	002	003	1948	0003	0006	卷宗封面		四川大邑县人民法院	19480000	19480000	1		封面	10—10	
四川省大邑县法院民事案件	002—003—0003—0007	002	003	1948	0003	0007	王用予诉催状	具状人王用予		19480528	19480528	4		诉催状	11—14	

全宗名称	档号	全宗号	目录号	年度	案卷号	顺序号	文件题名	责任人	责任者	起始时间	终止时间	页数	受文者	文种	起止页码	文号
四川省大邑县法院民事案件	002—003—0003—0008	002	003	1948	0003	0008	四川高等法院民事裁定		四川高等法院	19480601	19480601	1		裁定	15—15	
四川省大邑县法院民事案件	002—003—0003—0009	002	003	1948	0003	0009	四川高等法院民事第二庭公函		四川高等法院	19480609	19480609	1		公函	16—16	
四川省大邑县法院民事案件	002—003—0003—0010	002	003	1948	0003	0010	新津县司法处公函		四川新津县司法处	19480600	19480600	1		公函	17—17	
四川省大邑县法院民事案件	002—003—0003—0011	002	003	1948	0003	0011	裁定送达证书			19480607	19480607	2		送达证书	18—19	
四川省大邑县法院民事案件	002—003—0003—0012	002	003	1948	0003	0012	王用予缴款代用司法印纸联单			19480708	19480708	3		印纸联单	20—22	
四川省大邑县法院民事案件	002—003—0003—0013	002	003	1948	0003	0013	王用予民事答辩状			19480000	19480000	4		答辩状	23—26	
四川省大邑县法院民事案件	002—003—0003—0014	002	003	1948	0003	0014	王用予民事起诉状	具状人王用予		19480115	19480115	5		起诉状	27—31	
四川省大邑县法院民事案件	002—003—0003—0015	002	003	1948	0003	0015	王用予缴款代用司法印纸联单			19480116	19480116	2		印纸联单	32—33	
四川省大邑县法院民事案件	002—003—0003—0016	002	003	1948	0003	0016	传票送达证书			19480122	19480122	2		送达证书	34—35	
四川省大邑县法院民事案件	002—003—0003—0017	002	003	1948	0003	0017	新津县司法处民庭点名单		四川新津县司法处	19480130	19480130	1		点名单	36—36	
四川省大邑县法院民事案件	002—003—0003—0018	002	003	1948	0003	0018	新津县司法处民庭审讯笔录		四川新津县司法处	19480000	19480000	2		审讯笔录	37—38	
四川省大邑县法院民事案件	002—003—0003—0019	002	003	1948	0003	0019	王用予民事声请书	具状人王用予		19480100	19480100	4		声请书	39—42	
四川省大邑县法院民事案件	002—003—0003—0020	002	003	1948	0003	0020	新津县司法处民庭宣示判决笔录		四川新津县司法处	19480206	19480206	1		笔录	43—43	
四川省大邑县法院民事案件	002—003—0003—0021	002	003	1948	0003	0021	新津县司法处民事判决书		四川新津县司法处	19480206	19480206	2		判决书	44—45	

全宗名称	档号	全宗号	目录号	年度	案卷号	顺序号	文件题名	责任人	责任者	起始时间	终止时间	页数	受文者	文种	起止页码	文号
四川省大邑县法院民事案件	002—003—0003—0022	002	003	1948	0003	0022	判决送达证书			19480317	19480317	2	王用予	送达证书	46—47	
四川省大邑县法院民事案件	002—003—0004—0001	002	003	1948	0004	0001	四川大邑县人民法院范玉铭诉王德成借米第一审民事诉讼卷宗封面		四川大邑县人民法院	19480000	19480000	1		民事卷宗	1—1	
四川省大邑县法院民事案件	002—003—0004—0002	002	003	1948	0004	0002	案卷信息表		四川大邑县人民法院	19481208	19490407	1		信息表	2—2	上字第2925号
四川省大邑县法院民事案件	002—003—0004—0003	002	003	1948	0004	0003	案卷目录			19480000	19480000	1		目录	3—3	
四川省大邑县法院民事案件	002—003—0004—0004	002	003	1948	0004	0004	范玉铭上诉状	具状人范玉铭		19481106	19481106	6		上诉状	4—9	
四川省大邑县法院民事案件	002—003—0004—0005	002	003	1948	0004	0005	新津县司法处民庭民事裁定		四川新津县司法处	19481121	19481121	1		裁定	10—10	
四川省大邑县法院民事案件	002—003—0004—0006	002	003	1948	0004	0006	裁定送达证书			19481122	19481122	2		送达证书	11—12	
四川省大邑县法院民事案件	002—003—0004—0007	002	003	1948	0004	0007	范玉铭上诉状	具状人范玉铭		19481216	19481216	5		上诉状	13—17	
四川省大邑县法院民事案件	002—003—0004—0008	002	003	1948	0004	0008	递交给四川高等法院的信函			19480000	19480000	2		信笺	18—19	
四川省大邑县法院民事案件	002—003—0004—0009	002	003	1948	0004	0009	新津县司法处案件审理单		四川新津县司法处	19490216	19490216	1		审理单	20—20	
四川省大邑县法院民事案件	002—003—0004—0010	002	003	1948	0004	0010	四川高等法院民一庭公函		四川高等法院	19481216	19481216	2		公函	21—22	
四川省大邑县法院民事案件	002—003—0004—0011	002	003	1948	0004	0011	余海成民事委任状	具状人余海成		19490402	19490402	3		委任状	23—25	

全宗名称	档号	全宗号	目录号	年度	案卷号	顺序号	文件题名	责任人	责任者	起始时间	终止时间	页数	受文者	文种	起止页码	文号
四川省大邑县法院民事案件	002—003—0004—0012	002	003	1948	0004	0012	四川高等法院民一庭点名单		四川高等法院	19490402	19490402	1		点名单	26—26	
四川省大邑县法院民事案件	002—003—0004—0013	002	003	1948	0004	0013	四川高等法院言辞辩论笔录		四川高等法院	19490402	19490402	2		笔录	27—28	
四川省大邑县法院民事案件	002—003—0004—0014	002	003	1948	0004	0014	四川大邑县司法处书记室公函		四川大邑县司法处	19490330	19490330	1		公函	29—29	
四川省大邑县法院民事案件	002—003—0004—0015	002	003	1948	0004	0015	传票送达证书			19490325	19490325	1		送达证书	30—30	
四川省大邑县法院民事案件	002—003—0004—0016	002	003	1948	0004	0016	新津县司法处公函			19490331	19490331	1		公函	31—31	
四川省大邑县法院民事案件	002—003—0004—0017	002	003	1948	0004	0017	传票送达证书			19490324	19490324	1		送达证书	32—32	
四川省大邑县法院民事案件	002—003—0004—0018	002	003	1948	0004	0018	四川高等法院宣示判决笔录		四川高等法院	19490407	19490407	3		笔录	33—35	
四川省大邑县法院民事案件	002—003—0004—0019	002	003	1948	0004	0019	四川高等法院民事判决书		四川高等法院	19490407	19490407	1		判决书	36—36	
四川省大邑县法院民事案件	002—003—0004—0020	002	003	1948	0004	0020	四川高等法院民一庭公函稿		四川高等法院	19490503	19490503	2		公函	37—38	
四川省大邑县法院民事案件	002—003—0004—0021	002	003	1948	0004	0021	新津县司法处公函		四川新津县司法处	19490514	19490514	1		公函	39—39	
四川省大邑县法院民事案件	002—003—0004—0022	002	003	1948	0004	0022	判决送达证书			19490514	19490514	4		送达证书	40—43	
四川省大邑县法院民事案件	002—003—0004—0023	002	003	1948	0004	0023	四川高等法院民事第四庭公函		四川高等法院	19491008	19491008	3		公函	44—46	
四川省大邑县法院民事案件	002—003—0004—0024	002	003	1948	0004	0024	裁定送达证书			19490901	19490901	2		送达证书	47—48	
四川省大邑县法院民事案件	002—003—0004—0025	002	003	1948	0004	0025	四川高等法院民事裁定		四川高等法院	19490802	19490802	1		裁定	49—49	

全宗名称	档号	全宗号	目录号	年度	案卷号	顺序号	文件题名	责任人	责任者	起始时间	终止时间	页数	受文者	文种	起止页码	文号
四川省大邑县法院民事案件	002—003—005—0001	002	003	1948	005	0001	四川省大邑县邓德隆确认房屋所有权民事诉讼卷宗封面		四川大邑县法院	19480000	19480000	1		封面	1—1	
四川省大邑县法院民事案件	002—003—005—0002	002	003	1948	005	0002	最高法院收费联单		最高法院	19481021	19481021	1		单据	2—2	
四川省大邑县法院民事案件	002—003—005—0003	002	003	1948	005	0003	最高法院邓德隆一案裁判费代用司法印纸联单		最高法院	19481021	19481021	1		收据	3—3	
四川省大邑县法院民事案件	002—003—005—0004	002	003	1948	005	0004	四川高等法院民事第二庭邓银章胡雨臣上诉案件函请新津县司法处送达裁定副状并相应签收送达证书		四川高等法院	19480908	19480908	1	四川新津县司法处	公函	4—4	
四川省大邑县法院民事案件	002—003—005—0005	002	003	1948	005	0005	四川高等法院民事裁定	四川高等法院书记官	四川高等法院	19480907	19480907	1		裁定书	5—5	民上字第1243号
四川省大邑县法院民事案件	002—003—005—0006	002	003	1948	005	0006	四川新津县司法处公函		四川新津县司法处	19480924	19480924	1		公函	6—6	
四川省大邑县法院民事案件	002—003—005—0007	002	003	1948	005	0007	新津县司法处邓银章胡雨臣案件裁定书送达证书		四川新津县司法处	19480907	19480907	2		送达证书	7—8	
四川省大邑县法院民事案件	002—003—005—0008	002	003	1948	005	0008	新津县司法处邓银章胡雨臣案件民事判决书		四川新津县司法处	19480909	19480909	5		判决书	9—13	
四川省大邑县法院民事案件	002—003—006—0001	002	003	1948	006	0001	四川省新津县杨焕廷、杨丹五返还典田第一审民事诉讼卷宗		四川新津县司法处	19480000	19480000	1		封面	1—1	

全宗名称	档号	全宗号	目录号	年度	案卷号	顺序号	文件题名	责任人	责任者	起始时间	终止时间	页数	受文者	文种	起止页码	文号
四川省大邑县法院民事案件	002—003—006—0002	002	003	1948	006	0002	四川高等法院杨焕廷、杨丹五民事上诉卷宗登记表		四川高等法院	19480221	19480331	1		登记表	2—2	
四川省大邑县法院民事案件	002—003—006—0003	002	003	1948	006	0003	杨焕廷、杨丹五返还典田案卷宗目录		四川高等法院	19480000	19480000	1		目录	3—3	
四川省大邑县法院民事案件	002—003—006—0004	002	003	1948	006	0004	四川新津县司法处关于杨焕廷杨丹五返还典田裁判费和送达副状的公函		四川新津县司法处	19480218	19480218	1	四川高等法院	公函	4—4	
四川省大邑县法院民事案件	002—003—006—0005	002	003	1948	006	0005	杨焕廷民事上诉诉状	具状人杨焕廷		19480117	19480117	3		诉状	5—7	
四川省大邑县法院民事案件	002—003—006—0006	002	003	1948	006	0006	新津县司法处杨焕廷缴纳缮状费代用司法印纸联单		四川新津县司法处	19480000	19480000	2		收据	8—9	
四川省大邑县法院民事案件	002—003—006—0007	002	003	1948	006	0007	四川新津县司法处杨焕廷杨丹五民事案件民事判决书	主任审判官	四川新津县司法处	19480100	19480100	1		判决书	10—10	
四川省大邑县法院民事案件	002—003—006—0008	002	003	1948	006	0008	四川新津县司法处杨焕廷、杨丹五上诉状副本送达证书		四川新津县司法处	19480127	19480127	2		送达证书	11—12	
四川省大邑县法院民事案件	002—003—006—0009	002	003	1948	006	0009	四川高等法院民事裁定书		四川高等法院	19480331	19480331	1		裁定	13—13	上字第406号
四川省大邑县法院民事案件	002—003—006—0010	002	003	1948	006	0010	杨丹五民事上诉状	具状人杨丹五		19480425	19480425	4		诉状	14—17	

全宗名称	档号	全宗号	目录号	年度	案卷号	顺序号	文件题名	责任人	责任者	起始时间	终止时间	页数	受文者	文种	起止页码	文号
四川省大邑县法院民事案件	002—003—006—0011	002	003	1948	006	0011	四川高等法院关于函请新津县司法处送达裁定书的公函		四川高等法院	19480430	19480430	1		公函	18—18	信字第4503号
四川省大邑县法院民事案件	002—003—006—0012	002	003	1948	006	0012	四川新津县司法处关于既已送达裁定书并签收送达证书的公函		四川新津县司法处	19480531	19480531	1		公函	19—19	诉字第1562号
四川省大邑县法院民事案件	002—003—006—0013	002	003	1948	006	0013	新津县司法处送达裁定书正本的送达证书		四川新津县司法处	19480517	19480517	2		送达证书	20—21	
四川省大邑县法院民事案件	002—003—007—0001	002	003	1948	007	0001	四川高等法院杨徐氏诉杨赵氏债务案件第一审民事诉讼卷宗封面		四川高等法院	19480000	19480000	1		封面	1—1	
四川省大邑县法院民事案件	002—003—007—0002	002	003	1948	007	0002	上诉卷宗信息表		四川高等法院	19481119	19481227	1		信息表	2—2	上字第2755号
四川省大邑县法院民事案件	002—003—007—0003	002	003	1948	007	0003	上诉卷宗目录			19480000	19480000	1		目录	3—3	
四川省大邑县法院民事案件	002—003—007—0004	002	003	1948	007	0004	新津县司法处呈交的案件情况说明		四川新津县司法处	19481114	19481114	1	四川高等法院	信函	4—4	
四川省大邑县法院民事案件	002—003—007—0005	002	003	1948	007	0005	杨徐氏上诉状	具状人杨徐氏、杨际云		19481027	19481027	3		上诉状	5—7	
四川省大邑县法院民事案件	002—003—007—0006	002	003	1948	007	0006	杨徐氏缴费代用司法印纸联单			19481027	19481027	1		印纸联单	8—8	
四川省大邑县法院民事案件	002—003—007—0007	002	003	1948	007	0007	新津县司法处民事裁定		四川新津县司法处	19481104	19481104	1		裁定	9—9	

全宗名称	档号	全宗号	目录号	年度	案卷号	顺序号	文件题名	责任人	责任者	起始时间	终止时间	页数	受文者	文种	起止页码	文号
四川省大邑县法院民事案件	002—003—007—0008	002	003	1948	007	0008	裁定送达证书			19481104	19481104	2		送达证书	10—11	
四川省大邑县法院民事案件	002—003—007—0009	002	003	1948	007	0009	杨徐氏民事缴状	具状人杨徐氏、杨际云		19481122	19481122	2		缴状	12—13	
四川省大邑县法院民事案件	002—003—007—0010	002	003	1948	007	0010	四川高等法院民事案件审理单		四川高等法院	19481126	19481126	1		审理单	14—14	
四川省大邑县法院民事案件	002—003—007—0011	002	003	1948	007	0011	四川高等法院民二庭公函		四川高等法院	19481127	19481127	1		公函	15—15	
四川省大邑县法院民事案件	002—003—007—0012	002	003	1948	007	0012	四川新津县司法处公函		四川新津县司法处	19481210	19481210	1		公函	16—16	
四川省大邑县法院民事案件	002—003—007—0013	002	003	1948	007	0013	传票送达证书			19481209	19481209	2		送达证书	17—18	
四川省大邑县法院民事案件	002—003—007—0014	002	003	1948	007	0014	周健堂等律师提交的阅卷申请书	律师周健堂等		19481221	19481221	1	四川高等法院	申请书	19—19	
四川省大邑县法院民事案件	002—003—007—0015	002	003	1948	007	0015	杨徐氏民事委任状	具状人杨徐氏		19481223	19481223	2	杨际云	委任状	20—21	
四川省大邑县法院民事案件	002—003—007—0016	002	003	1948	007	0016	杨徐氏民事委任状	具状人杨徐氏		19481222	19481222	2	周健堂等	委任状	22—23	
四川省大邑县法院民事案件	002—003—007—0017	002	003	1948	007	0017	杨赵氏民事委任状	具状人杨赵氏		19481221	19481221	3	黄泽宣	委任状	24—26	
四川省大邑县法院民事案件	002—003—007—0018	002	003	1948	007	0018	杨赵氏民事委任状	具状人杨赵氏		19481223	19481223	2	陈大伦	委任状	27—28	
四川省大邑县法院民事案件	002—003—007—0019	002	003	1948	007	0019	四川高等法院民二庭点名单		四川高等法院	19481223	19481223	2		点名单	29—30	
四川省大邑县法院民事案件	002—003—007—0020	002	003	1948	007	0020	四川高等法院民二庭言辞辩论笔录		四川高等法院	19481223	19481223	4		笔录	31—34	

全宗名称	档号	全宗号	目录号	年度	案卷号	顺序号	文件题名	责任人	责任者	起始时间	终止时间	页数	受文者	文种	起止页码	文号
四川省大邑县法院民事案件	002—003—007—0021	002	003	1948	007	0021	四川高等法院宣示判决笔录		四川高等法院	19490103	19490103	3		笔录	35—37	
四川省大邑县法院民事案件	002—003—007—0022	002	003	1948	007	0022	四川高等法院民二庭公函稿		四川高等法院	19490114	19490114	1		公函	38—38	
四川省大邑县法院民事案件	002—003—007—0023	002	003	1948	007	0023	四川新津县司法处公函		四川新津县司法处	19490126	19490126	1		公函	39—39	
四川省大邑县法院民事案件	002—003—007—0024	002	003	1948	007	0024	判决送达证书			19490122	19490122	4		送达证书	40—43	
四川省大邑县法院民事案件	002—003—007—0025	002	003	1948	007	0025	杨徐氏缴费代用司法印纸联单			19480825	19480825	2		印纸联单	44—45	
四川省大邑县法院民事案件	002—003—007—0026	002	003	1948	007	0026	四川新津县司法处民事案件审理单		四川新津县司法处	19480911	19480911	1		审理单	46—46	
四川省大邑县法院民事案件	002—003—007—0027	002	003	1948	007	0027	四川新津县司法处传票送达证书		四川新津县司法处	19480919	19480919	6		送达证书	47—52	
四川省大邑县法院民事案件	002—003—007—0028	002	003	1948	007	0028	四川新津县司法处民庭点名单		四川新津县司法处	19480921	19480921	1		点名单	53—53	
四川省大邑县法院民事案件	002—003—007—0029	002	003	1948	007	0029	四川新津县司法处民庭审判笔录		四川新津县司法处	19480916	19480916	2		笔录	54—55	
四川省大邑县法院民事案件	002—003—007—0030	002	003	1948	007	0030	传票送达证书			19481001	19481001	7		送达证书	56—62	
四川省大邑县法院民事案件	002—003—007—0031	002	003	1948	007	0031	四川新津县司法处民庭点名单		四川新津县司法处	19481004	19481004	1		点名单	63—63	
四川省大邑县法院民事案件	002—003—007—0032	002	003	1948	007	0032	四川新津县司法处民庭审判笔录		四川新津县司法处	19481004	19481004	3		笔录	64—66	
四川省大邑县法院民事案件	002—003—007—0033	002	003	1948	007	0033	杨徐氏诉杨赵氏债务案结文			19481004	19481004	1		结文	67—67	

全宗名称	档号	全宗号	目录号	年度	案卷号	顺序号	文件题名	责任人	责任者	起始时间	终止时间	页数	受文者	文种	起止页码	文号
四川省大邑县法院民事案件	002—003—007—0034	002	003	1948	007	0034	四川新津县司法处提票回证		四川新津县司法处	19481003	19481003	1		回证	68—68	
四川省大邑县法院民事案件	002—003—007—0035	002	003	1948	007	0035	四川新津县司法处公函		四川新津县司法处	19480930	19480930	1		公函	69—69	
四川省大邑县法院民事案件	002—003—007—0036	002	003	1948	007	0036	杨赵氏声明状	具状人杨赵氏		19480000	19480000	1		声明状	70—70	
四川省大邑县法院民事案件	002—003—008—0001	002	003	1948	008	0001	四川大邑县人民法院张崇礼、杨泽渊用地纠纷第一审民事诉讼卷宗封面		四川大邑县法院	19480000	19480000	1		封面	1—1	
四川省大邑县法院民事案件	002—003—008—0002	002	003	1948	008	0002	新津县花桥乡公所关于土地确权问题的证明书		新津县花桥乡公所	19480600	19480600	6		证明书	2—7	
四川省大邑县法院民事案件	002—003—008—0003	002	003	1948	008	0003	关于共有水田确权书面证明的呈	证明人杨国华、杨泽溉		19481212	19481212	2	四川高等法院民二庭庭长	呈	8—9	
四川省大邑县法院民事案件	002—003—008—0004	002	003	1948	008	0004	关于出售水田的买卖契约一纸及土地登记表			19480000	19480000	6		契约	10—15	
四川省大邑县法院民事案件	002—003—008—0005	002	003	1948	008	0005	杨淑河关于土地权属的证明书	乡长杨树和		19480125	19480125	2		证明书	16—17	
四川省大邑县法院民事案件	002—003—008—0006	002	003	1948	008	0006	杨徐氏诉杨赵氏案卷诉讼证据物品袋		四川高等法院	19480000	19480000	1		表	18—18	

全宗名称	档号	全宗号	目录号	年度	案卷号	顺序号	文件题名	责任人	责任者	起始时间	终止时间	页数	受文者	文种	起止页码	文号
四川省大邑县法院民事案件	002—003—009—0001	002	003	1948	009	0001	四川大邑县人民法院钟谭氏诉周刘氏毁损案件第一审民事诉讼卷宗封面		四川大邑县法院	19480000	19480000	1		封面	1—1	
四川省大邑县法院民事案件	002—003—009—0002	002	003	1948	009	0002	钟覃氏民事声请上诉状	具状人钟覃氏		19480300	19480300	5		上诉状	2—6	
四川省大邑县法院民事案件	002—003—009—0003	002	003	1948	009	0003	钟覃氏缴款代用司法印纸联单			19480321	19480321	1		印纸联单	7—7	
四川省大邑县法院民事案件	002—003—009—0004	002	003	1948	009	0004	钟覃氏民事上诉状	具状人钟覃氏		19480400	19480400	7		上诉状	8—14	
四川省大邑县法院民事案件	002—003—009—0005	002	003	1948	009	0005	钟覃氏诉周刘氏一案案件审理单			19480423	19480423	1		审理单	15—15	
四川省大邑县法院民事案件	002—003—009—0006	002	003	1948	009	0006	四川高等法院刑事第二庭公函		四川高等法院	19480423	19480423	1		公函	16—16	
四川省大邑县法院民事案件	002—003—009—0007	002	003	1948	009	0007	周茂岐、周刘氏刑事展限申请状	具状人周刘氏		19480503	19480503	5		申请状	17—21	
四川省大邑县法院民事案件	002—003—009—0008	002	003	1948	009	0008	钟覃氏委任状	具状人钟覃氏		19480507	19480507	5	黄泽宣	委任状	22—26	
四川省大邑县法院民事案件	002—003—009—0009	002	003	1948	009	0009	四川新津县司法处书记室公函		四川新津县司法处	19480504	19480504	1		公函	27—27	
四川省大邑县法院民事案件	002—003—009—0010	002	003	1948	009	0010	四川高等法院传票送达证书		四川高等法院	19480507	19480507	3	钟覃氏、周茂岐、周刘氏	送达证书	28—30	
四川省大邑县法院民事案件	002—003—009—0011	002	003	1948	009	0011	四川高等法院检察处复函		四川高等法院	19480423	19480423	1		公函	31—31	
四川省大邑县法院民事案件	002—003—009—0012	002	003	1948	009	0012	四川高等法院刑事第二庭公函		四川高等法院	19480512	19480512	1		公函	32—32	

全宗名称	档号	全宗号	目录号	年度	案卷号	顺序号	文件题名	责任人	责任者	起始时间	终止时间	页数	受文者	文种	起止页码	文号
四川省大邑县法院民事案件	002—003—009—0013	002	003	1948	009	0013	四川高等法院检察处复函		四川高等法院	19480511	19480511	1		公函	33—33	
四川省大邑县法院民事案件	002—003—009—0014	002	003	1948	009	0014	四川新津县司法处书记室公函		四川新津县司法处	19480523	19480523	1		公函	34—34	
四川省大邑县法院民事案件	002—003—009—0015	002	003	1948	009	0015	四川高等法院传票送达证书		四川高等法院	19480528	19480528	3	钟覃氏、周茂岐、周刘氏	送达证书	35—37	
四川省大邑县法院民事案件	002—003—009—0016	002	003	1948	009	0016	四川高等法院刑二庭言词辩论记录		四川高等法院	19480528	19480528	4		笔录	38—41	
四川省大邑县法院民事案件	002—003—009—0017	002	003	1948	009	0017	周茂岐、周刘氏民事委任状	具状人周刘氏、周茂岐		19480527	19480527	5	龙守荣	委任状	42—46	
四川省大邑县法院民事案件	002—003—009—0018	002	003	1948	009	0018	钟覃氏上诉状	具状人钟覃氏		19480529	19480529	7		上诉状	47—53	
四川省大邑县法院民事案件	002—003—009—0019	002	003	1948	009	0019	周茂岐、周刘氏刑事声请书			19480530	19480530	8		声请书	54—61	
四川省大邑县法院民事案件	002—003—009—0020	002	003	1948	009	0020	钟覃氏诉周刘氏一案上诉案件审理单			19480621	19480621	1		审理单	62—62	
四川省大邑县法院民事案件	002—003—009—0021	002	003	1948	009	0021	四川高等法院刑事裁判例稿		四川高等法院	19480604	19480604	1		例稿	63—63	
四川省大邑县法院民事案件	002—003—009—0022	002	003	1948	009	0022	四川高等法院送达证书	法警周维高		19480607	19480607	1		送达证书	64—64	
四川省大邑县法院民事案件	002—003—009—0023	002	003	1948	009	0023	四川高等法院刑事第二庭公函		四川高等法院	19480609	19480609	2		公函	65—66	
四川省大邑县法院民事案件	002—003—009—0024	002	003	1948	009	0024	保长为钟覃氏出具的民事公证状	具状人梁成栋、孙吉成		19480616	19480616	6		公证状	67—72	

全宗名称	档号	全宗号	目录号	年度	案卷号	顺序号	文件题名	责任人	责任者	起始时间	终止时间	页数	受文者	文种	起止页码	文号
四川省大邑县法院民事案件	002—003—009—0025	002	003	1948	009	0025	四川高等法院检察处复函		四川高等法院	19480607	19480607	1		公函	73—73	
四川省大邑县法院民事案件	002—003—009—0026	002	003	1948	009	0026	四川新津县司法处书记室公函		四川新津县司法处	19480618	19480618	1		公函	74—74	
四川省大邑县法院民事案件	002—003—009—0027	002	003	1948	009	0027	四川高等法院裁定送达证书			19480612	19480612	3	钟覃氏、周刘氏等	送达证书	75—77	
四川省大邑县法院民事案件	002—003—009—0028	002	003	1948	009	0028	四川新津县司法处书记室公函		四川新津县司法处	19480618	19480618	1		公函	78—78	
四川省大邑县法院民事案件	002—003—009—0029	002	003	1948	009	0029	四川高等法院刑事第二庭公函		四川高等法院	19480624	19480624	1		公函	79—79	
四川省大邑县法院民事案件	002—003—009—0030	002	003	1948	009	0030	四川高等法院传票送达证书			19480621	19480621	5	周刘氏等	送达证书	80—84	
四川省大邑县法院民事案件	002—003—009—0031	002	003	1948	009	0031	四川新津县司法处公函		四川新津县司法处	19480702	19480702	1		公函	85—85	
四川省大邑县法院民事案件	002—003—009—0032	002	003	1948	009	0032	四川高等法院传票送达证书			19480712	19480712	5	周刘氏等	送达证书	86—90	
四川省大邑县法院民事案件	002—003—009—0033	002	003	1948	009	0033	四川高等法院检察处复函		四川高等法院	19480624	19480624	1		公函	91—91	
四川省大邑县法院民事案件	002—003—009—0034	002	003	1948	009	0034	四川高等法院通知书送达证书			19480712	19480712	2		送达证书	92—93	
四川省大邑县法院民事案件	002—003—009—0035	002	003	1948	009	0035	四川高等法院言辞辩论笔录		四川高等法院	19480712	19480712	6		笔录	94—99	
四川省大邑县法院民事案件	002—003—009—0036	002	003	1948	009	0036	案件结文		四川高等法院	19480712	19480712	1		结文	100—100	
四川省大邑县法院民事案件	002—003—0010—0001	002	003	1948	0010	0001	四川高等法院钟覃氏诉周刘氏、周茂岐毁损民事诉讼卷宗封面		四川高等法院	19480000	19480000	1		封面	1—1	

全宗名称	档号	全宗号	目录号	年度	案卷号	顺序号	文件题名	责任人	责任者	起始时间	终止时间	页数	受文者	文种	起止页码	文号
四川省大邑县法院民事案件	002—003—0010—0002	002	003	1948	0010	0002	钟覃氏关于毁损案件民事上诉状	具状人钟覃氏		19480716	19480716	4		上诉状	2—5	
四川省大邑县法院民事案件	002—003—0010—0003	002	003	1948	0010	0003	钟覃氏、周刘氏等人关于毁损案件宣判笔录	推事周汉	四川高等法院	19480719	19480719	1		笔录	6—6	
四川省大邑县法院民事案件	002—003—0010—0004	002	003	1948	0010	0004	四川高等法院钟覃氏、周刘氏损毁案件刑事判决书		四川高等法院	19480726	19480726	2		判决书	7—8	
四川省大邑县法院民事案件	002—003—0010—0005	002	003	1948	0010	0005	四川高等法院附带民事诉讼裁定书		四川高等法院	19480726	19480726	1		裁定书	9—9	上字第132号
四川省大邑县法院民事案件	002—003—0010—0006	002	003	1948	0010	0006	四川高等法院关于送达判决书的公函		四川高等法院	19480727	19480827	1	四川新津县司法处	公函	10—10	
四川省大邑县法院民事案件	002—003—0010—0007	002	003	1948	0010	0007	新津县司法处关于既已送达判决书并签收送达证书的公函		四川新津县司法处	19480818	19480818	1	四川省高等该法院	公函	11—11	民字第129号
四川省大邑县法院民事案件	002—003—0010—0008	002	003	1948	0010	0008	新津县司法处关于钟谭氏、周刘氏毁损案件材料送达证书		四川新津县司法处	19480000	19480000	5		送达证书	12—16	
四川省大邑县法院民事案件	002—003—0011—0001	002	003	1948	0011	0001	新津县司法处车张氏诉车松和给付生活费第一审民事诉讼卷宗封面		四川新津县司法处	19480000	19480000	1		封面	1—1	
四川省大邑县法院民事案件	002—003—0011—0002	002	003	1948	0011	0002	四川高等法院民事上诉案件登记表		四川高等法院	19481102	19481209	1		登记表	2—2	上字第2608号

全宗名称	档号	全宗号	目录号	年度	案卷号	顺序号	文件题名	责任人	责任者	起始时间	终止时间	页数	受文者	文种	起止页码	文号
四川省大邑县法院民事案件	002—003—0011—0003	002	003	1948	0011	0003	案卷目录			19480000	19480000	2		目录	3—4	
四川省大邑县法院民事案件	002—003—0011—0004	002	003	1948	0011	0004	四川新津县司法处向高等法院呈交的案件说明		四川新津县司法处	19481101	19481101	1		信件	5—5	
四川省大邑县法院民事案件	002—003—0011—0005	002	003	1948	0011	0005	新津县司法处车张氏诉车松和给付生活费上诉民事诉讼卷宗封面		四川高等法院	19480000	19480000	1		封面	6—6	
四川省大邑县法院民事案件	002—003—0011—0006	002	003	1948	0011	0006	四川高等法院民事上诉案件登记表		四川高等法院	19480605	19480605	1		登记表	7—7	
四川省大邑县法院民事案件	002—003—0011—0007	002	003	1948	0011	0007	案卷目录			19480000	19480000	1		目录	8—8	
四川省大邑县法院民事案件	002—003—0011—0008	002	003	1948	0011	0008	车张氏民事起诉书	具状人车张氏		19480531	19480531	4		起诉书	9—12	
四川省大邑县法院民事案件	002—003—0011—0009	002	003	1948	0011	0009	四川新津县司法处民事裁定		四川新津县司法处	19480616	19480616	1		裁定	13—13	
四川省大邑县法院民事案件	002—003—0011—0010	002	003	1948	0011	0010	车张氏缴款代用司法印纸联单			19480604	19480604	1		印纸联单	14—14	
四川省大邑县法院民事案件	002—003—0011—0011	002	003	1948	0011	0011	新津县司法处开庭通知书		四川新津县司法处	19480615	19480615	1		通知书	15—15	
四川省大邑县法院民事案件	002—003—0011—0012	002	003	1948	0011	0012	车松和辩诉状	具状人车松和		19480600	19480600	4		辩诉状	16—19	
四川省大邑县法院民事案件	002—003—0011—0013	002	003	1948	0011	0013	车松和缴款代用司法印纸联单			19480617	19480617	1		印纸联单	20—20	
四川省大邑县法院民事案件	002—003—0011—0014	002	003	1948	0011	0014	四川新津县司法处传票送达证书		四川新津县司法处	19480619	19480619	3		送达证书	21—23	

全宗名称	档号	全宗号	目录号	年度	案卷号	顺序号	文件题名	责任人	责任者	起始时间	终止时间	页数	受文者	文种	起止页码	文号
四川省大邑县法院民事案件	002—003—0011—0015	002	003	1948	0011	0015	四川新津县司法处民庭点名单		四川新津县司法处	19480623	19480623	1		点名单	24—24	
四川省大邑县法院民事案件	002—003—0011—0016	002	003	1948	0011	0016	四川新津县司法处民庭审讯笔录		四川新津县司法处	19480623	19480623	2		笔录	25—26	
四川省大邑县法院民事案件	002—003—0011—0017	002	003	1948	0011	0017	车张氏民事起诉状	具状人车张氏		19480700	19480700	4		起诉状	27—30	
四川省大邑县法院民事案件	002—003—0011—0018	002	003	1948	0011	0018	车张氏缴款代用司法印纸联单			19480705	19480705	1		印纸联单	31—31	
四川省大邑县法院民事案件	002—003—0011—0019	002	003	1948	0011	0019	车松和补诉状	具状人车松和		19480700	19480700	4		补诉状	32—35	
四川省大邑县法院民事案件	002—003—0011—0020	002	003	1948	0011	0020	车松和缴款代用司法印纸联单			19480707	19480707	1		印纸联单	36—36	
四川省大邑县法院民事案件	002—003—0011—0021	002	003	1948	0011	0021	车松和委任状	具状人车松和		19480724	19480724	3	马文德	委任状	37—39	
四川省大邑县法院民事案件	002—003—0011—0022	002	003	1948	0011	0022	马文德民事阅卷申请书	具状人马文德		19480724	19480724	1		申请书	40—40	
四川省大邑县法院民事案件	002—003—0011—0023	002	003	1948	0011	0023	车松和民事声请书	具状人车松和		19480804	19480804	4		声请书	41—44	
四川省大邑县法院民事案件	002—003—0011—0024	002	003	1948	0011	0024	车张氏民事委任状	具状人车张氏		19480805	19480805	3	张谦	委任状	45—47	
四川省大邑县法院民事案件	002—003—0011—0025	002	003	1948	0011	0025	四川新津县司法处民事案件审理单		四川新津县司法处	19480810	19480810	1		审理单	48—48	
四川省大邑县法院民事案件	002—003—0011—0026	002	003	1948	0011	0026	四川新津县司法处传票送达证书			19480806	19480806	2	车松和、车张氏	送达证书	49—50	
四川省大邑县法院民事案件	002—003—0011—0027	002	003	1948	0011	0027	四川新津县司法处民庭点名单		四川新津县司法处	19480810	19480810	1		点名单	51—51	

全宗名称	档号	全宗号	目录号	年度	案卷号	顺序号	文件题名	责任人	责任者	起始时间	终止时间	页数	受文者	文种	起止页码	文号
四川省大邑县法院民事案件	002—003—0011—0028	002	003	1948	0011	0028	四川新津县司法处民庭审判笔录		四川新津县司法处	19480810	19480810	4		笔录	52—55	
四川省大邑县法院民事案件	002—003—0011—0029	002	003	1948	0011	0029	车松和民事声请书	具状人车松和		19480821	19480821	4		声请书	56—59	
四川省大邑县法院民事案件	002—003—0011—0030	002	003	1948	0011	0030	车张氏追加诉求的文本	具状人车张氏		19480821	19480821	2		诉状	60—61	
四川省大邑县法院民事案件	002—003—0011—0031	002	003	1948	0011	0031	车松和民事反诉状	具状人车松和		19480900	19480900	5		反诉状	62—66	
四川省大邑县法院民事案件	002—003—0011—0032	002	003	1948	0011	0032	车松和缴款代用司法印纸联单			19480923	19480923	2		印纸联单	67—68	
四川省大邑县法院民事案件	002—003—0011—0033	002	003	1948	0011	0033	四川新津县司法处民事案件审理单		四川新津县司法处	19480923	19480923	1		审理单	69—69	
四川省大邑县法院民事案件	002—003—0011—0034	002	003	1948	0011	0034	四川新津县司法处书记室通知书		四川新津县司法处	19480911	19480911	2		通知书	70—71	
四川省大邑县法院民事案件	002—003—0011—0035	002	003	1948	0011	0035	四川新津县司法处传票送达证书			19480913	19480913	2		送达证书	72—73	
四川省大邑县法院民事案件	002—003—0011—0036	002	003	1948	0011	0036	四川新津县司法处民庭点名单		四川新津县司法处	19480923	19480923	1		点名单	74—74	
四川省大邑县法院民事案件	002—003—0011—0037	002	003	1948	0011	0037	四川新津县司法处民庭审判笔录		四川新津县司法处	19480923	19480923	5		笔录	75—79	
四川省大邑县法院民事案件	002—003—0011—0038	002	003	1948	0011	0038	四川新津县司法处民事判决书		四川新津县司法处	19480928	19480928	2		判决书	80—81	
四川省大邑县法院民事案件	002—003—0011—0039	002	003	1948	0011	0039	四川新津县司法处传票送达证书			19481014	19481014	2		送达证书	82—83	
四川省大邑县法院民事案件	002—003—0011—0040	002	003	1948	0011	0040	四川高等法院车松和上诉案件登记表		四川高等法院	19480000	19480000	1		登记表	84—84	

全宗名称	档号	全宗号	目录号	年度	案卷号	顺序号	文件题名	责任人	责任者	起始时间	终止时间	页数	受文者	文种	起止页码	文号
四川省大邑县法院民事案件	002—003—0011—0041	002	003	1948	0011	0041	四川高等法院民二庭公函		四川高等法院	19490223	19490223	1		公函	85—85	
四川省大邑县法院民事案件	002—003—0011—0042	002	003	1948	0011	0042	车松和出具的证据清单	具状人车松和		1948000	19480000	3		证据清单	86—88	
四川省大邑县法院民事案件	002—003—0011—0043	002	003	1948	0011	0043	四川高等法院民事裁定		四川高等法院	19490108	19490108	1		裁定	89—89	
四川省大邑县法院民事案件	002—003—0011—0044	002	003	1948	0011	0044	四川高等法院传票送达证书			19490111	19490111	1		送达证书	90—90	
四川省大邑县法院民事案件	002—003—0011—0045	002	003	1948	0011	0045	四川高等法院民事第二庭公函稿		四川高等法院	19490114	19490114	1		公函	91—91	
四川省大邑县法院民事案件	002—003—0011—0046	002	003	1948	0011	0046	四川新津县司法处公函		四川新津县司法处	19490126	19490126	1		公函	92—92	
四川省大邑县法院民事案件	002—003—0011—0047	002	003	1948	0011	0047	四川新津县司法处传票送达证书		四川新津县司法处	19490122	19490122	1		送达证书	93—93	
四川省大邑县法院民事案件	002—003—0011—0048	002	003	1948	0011	0048	车张氏撰写的民事副状	具状人车张氏		19481025	19481025	2		副状	94—95	
四川省大邑县法院民事案件	002—003—0011—0049	002	003	1948	0011	0049	车张氏缴款代用司法印纸联单			19481025	19481025	1		印纸联单	96—96	
四川省大邑县法院民事案件	002—003—0011—0050	002	003	1948	0011	0050	车张氏委任状	具状人车张氏		19481118	19481118	2		委任状	97—98	
四川省大邑县法院民事案件	002—003—0011—0051	002	003	1948	0011	0051	车张氏上诉状	具状人车张氏		19481201	19481201	3		上诉状	99—101	
四川省大邑县法院民事案件	002—003—0011—0052	002	003	1948	0011	0052	车松和田房财产目录表			19480000	19480000	1		目录	102—102	
四川省大邑县法院民事案件	002—003—0011—0053	002	003	1948	0011	0053	车松和民事辩诉状	具状人车松和		19481100	19481100	2		辩诉状	103—103	
四川省大邑县法院民事案件	002—003—0011—0054	002	003	1948	0011	0054	车松和民事委任状	具状人车松和		19481100	19481100	2		委任状	104—104	

全宗名称	档号	全宗号	目录号	年度	案卷号	顺序号	文件题名	责任人	责任者	起始时间	终止时间	页数	受文者	文种	起止页码	文号
四川省大邑县法院民事案件	002—003—0011—0055	002	003	1948	0011	0055	新津县司法处民事案件审理单		四川新津县司法处	19481102	19481102	1		审理单	105—105	
四川省大邑县法院民事案件	002—003—0011—0056	002	003	1948	0011	0056	四川高等法院民事第二庭公函		四川高等法院	19481105	19481105	1		公函	106—106	
四川省大邑县法院民事案件	002—003—0011—0057	002	003	1948	0011	0057	四川高等法院传票送达证书		四川高等法院	19481123	19481123	1		送达证书	107—107	
四川省大邑县法院民事案件	002—003—0011—0058	002	003	1948	0011	0058	四川新津县司法处公函		四川新津县司法处	19481123	19481123	1		公函	108—108	
四川省大邑县法院民事案件	002—003—0011—0059	002	003	1948	0011	0059	四川高等法院传票送达证书		四川高等法院	19481118	19481118	2		送达证书	109—110	
四川省大邑县法院民事案件	002—003—0011—0060	002	003	1948	0011	0060	四川高等法院民二庭点名单		四川高等法院	19481204	19481204	1		点名单	111—111	
四川省大邑县法院民事案件	002—003—0011—0061	002	003	1948	0011	0061	四川高等法院民庭言词辩论笔录		四川高等法院	19481204	19481204	5		笔录	112—116	
四川省大邑县法院民事案件	002—003—0011—0062	002	003	1948	0011	0062	四川高等法院宣示判决笔录		四川高等法院	19481209	19481209	3		判决书	117—119	
四川省大邑县法院民事案件	002—003—0011—0063	002	003	1948	0011	0063	四川高等法院民事第二庭公函		四川高等法院	19481217	19481217	1		公函	120—120	
四川省大邑县法院民事案件	002—003—0011—0064	002	003	1948	0011	0064	四川新津县司法处公函		四川新津县司法处	19490105	19490105	1		公函	121—121	
四川省大邑县法院民事案件	002—003—0011—0065	002	003	1948	0011	0065	四川高等法院判决送达证书			19481229	19481229	3	车松和、车张氏	送达证书	122—124	
四川省大邑县法院民事案件	002—003—0012—0001	002	003	1948	0012	0001	四川高等法院杨宋淑义诉张崇礼确认所有权民事诉讼卷宗封面		四川高等法院	19480000	19480000	1		封面	1—1	
四川省大邑县法院民事案件	002—003—0012—0002	002	003	1948	0012	0002	四川高等法院上诉案件登记表		四川高等法院	19480923	19481221	1		登记表	2—2	

全宗名称	档号	全宗号	目录号	年度	案卷号	顺序号	文件题名	责任人	责任者	起始时间	终止时间	页数	受文者	文种	起止页码	文号
四川省大邑县法院民事案件	002—003—0012—0003	002	003	1948	0012	0003	案卷目录		四川高等法院	19480000	19480000	2		目录	3—4	
四川省大邑县法院民事案件	002—003—0012—0004	002	003	1948	0012	0004	四川新津县司法处向高等法院呈交的案件说明		四川新津县司法处	19480923	19480923	1		信件	5—5	
四川省大邑县法院民事案件	002—003—0012—0005	002	003	1948	0012	0005	杨宋淑义民事上诉状	具状人杨宋淑义		19480806	19480806	4		上诉状	6—9	
四川省大邑县法院民事案件	002—003—0012—0006	002	003	1948	0012	0006	四川新津县司法处民事裁定		四川新津县司法处	19480800	19480800	1		裁定	10—10	
四川省大邑县法院民事案件	002—003—0012—0007	002	003	1948	0012	0007	四川新津县司法处裁定送达证书		四川新津县司法处	19480907	19480907	2		送达证书	11—12	
四川省大邑县法院民事案件	002—003—0012—0008	002	003	1948	0012	0008	杨宋淑义民事缴状	具状人杨宋淑义		19480923	19480923	5		缴状	13—17	
四川省大邑县法院民事案件	002—003—0012—0009	002	003	1948	0012	0009	四川高等法院民事案件审理单		四川高等法院	19481104	19481104	1		审理单	18—18	
四川省大邑县法院民事案件	002—003—0012—0010	002	003	1948	0012	0010	四川高等法院传票送达证书		四川高等法院	19481001	19481001	3	杨宋淑义等	送达证书	19—21	
四川省大邑县法院民事案件	002—003—0012—0011	002	003	1948	0012	0011	四川高等法院民二庭公函		四川高等法院	19481006	19481006	1		公函	22—22	
四川省大邑县法院民事案件	002—003—0012—0012	002	003	1948	0012	0012	四川新津县司法处公函		四川新津县司法处	19481014	19481014	1		公函	23—23	
四川省大邑县法院民事案件	002—003—0012—0013	002	003	1948	0012	0013	四川高等法院传票送达证书		四川高等法院	19481013	19481013	1		送达证书	24—24	
四川省大邑县法院民事案件	002—003—0012—0014	002	003	1948	0012	0014	新津县花桥乡第十保办公证明书	保长张德扬	新津县花桥乡第十保	19480200	19480200	3		证明书	25—27	

全宗名称	档号	全宗号	目录号	年度	案卷号	顺序号	文件题名	责任人	责任者	起始时间	终止时间	页数	受文者	文种	起止页码	文号
四川省大邑县法院民事案件	002—003—0012—0015	002	003	1948	0012	0015	张崇礼民事上诉状	具状人张崇礼		19481104	19481104	4		上诉状	28—31	
四川省大邑县法院民事案件	002—003—0012—0016	002	003	1948	0012	0016	四川高等法院民二庭点名单		四川高等法院	19481104	19481104	2		点名单	32—33	
四川省大邑县法院民事案件	002—003—0012—0017	002	003	1948	0012	0017	四川高等法院民庭调证笔录		四川高等法院	19481104	19481104	2		笔录	34—35	
四川省大邑县法院民事案件	002—003—0012—0018	002	003	1948	0012	0018	四川高等法院民事案件审理单		四川高等法院	19481216	19481216	1		审理单	36—36	
四川省大邑县法院民事案件	002—003—0012—0019	002	003	1948	0012	0019	四川高等法院民二庭公函		四川高等法院	19481110	19481110	1		公函	37—37	
四川省大邑县法院民事案件	002—003—0012—0020	002	003	1948	0012	0020	四川高等法院传票送达证书			19481121	19481121	3		杨宋淑义等	38—40	
四川省大邑县法院民事案件	002—003—0012—0021	002	003	1948	0012	0021	四川高等法院民二庭公函		四川高等法院	19481111	19481111	1		公函	41—41	
四川省大邑县法院民事案件	002—003—0012—0022	002	003	1948	0012	0022	四川新津县司法处公函		四川新津县司法处	19481120	19481120	3		公函	42—44	
四川省大邑县法院民事案件	002—003—0012—0023	002	003	1948	0012	0023	四川高等法院传票送达证书			19481119	19481119	4	杨宋淑义等	送达证书	45—48	
四川省大邑县法院民事案件	002—003—0012—0024	002	003	1948	0012	0024	杨宋淑义民事上诉状	具状人杨宋淑义		19481217	19481217	6		上诉状	49—54	
四川省大邑县法院民事案件	002—003—0012—0025	002	003	1948	0012	0025	张崇礼民事声明状	具状人张崇礼		19481217	19481217	5		声明状	55—59	
四川省大邑县法院民事案件	002—003—0012—0026	002	003	1948	0012	0026	四川高等法院民二庭点名单		四川高等法院	19481216	19481216	2		点名单	60—61	
四川省大邑县法院民事案件	002—003—0012—0027	002	003	1948	0012	0027	四川高等法院民二庭言辞辩论笔录		四川高等法院	19481216	19481216	6		笔录	62—67	

全宗名称	档号	全宗号	目录号	年度	案卷号	顺序号	文件题名	责任人	责任者	起始时间	终止时间	页数	受文者	文种	起止页码	文号
四川省大邑县法院民事案件	002—003—0012—0028	002	003	1948	0012	0028	四川高等法院民二庭宣示判决笔录		四川高等法院	19481221	19481221	1		笔录	68—68	
四川省大邑县法院民事案件	002—003—0012—0029	002	003	1948	0012	0029	张崇礼民事声请状	具状人张崇礼		19481223	19481223	1		声请状	69—69	
四川省大邑县法院民事案件	002—003—0012—0030	002	003	1948	0012	0030	新津县花桥乡征收处证明书			19481200	19481200	3		证明书	70—72	
四川省大邑县法院民事案件	002—003—0012—0031	002	003	1948	0012	0031	四川高等法院民事判决书		四川高等法院	19481223	19481223	2		判决书	73—74	
四川省大邑县法院民事案件	002—003—0012—0032	002	003	1948	0012	0032	四川高等法院判决送达证书			19490106	19490106	4	张崇礼、杨宋淑义等	送达证书	75—78	
四川省大邑县法院民事案件	002—003—0013—0001	002	003	1948	0013	0001	四川大邑县人民法院王钟灵诉张子封契约第一审民事诉讼卷宗封面		四川大邑县法院	19480000	19480000	1		封面	1—1	
四川省大邑县法院民事案件	002—003—0013—0002	002	003	1948	0013	0002	四川高等法院王钟灵诉张子封终止租约及给付欠租抗告卷宗登记表		四川高等法院	19471224	19480406	1		表	2—2	
四川省大邑县法院民事案件	002—003—0013—0003	002	003	1948	0013	0003	四川高等法院王钟灵诉张子封终止租约案件卷宗证据目录		四川高等法院	19480000	19480000	3		目录	3—5	

全宗名称	档号	全宗号	目录号	年度	案卷号	顺序号	文件题名	责任人	责任者	起始时间	终止时间	页数	受文者	文种	起止页码	文号
四川省大邑县法院民事案件	002—003—0013—0004	002	003	1948	0013	0004	四川高等法院民事第一庭关于王钟灵与张子封租佃案件上诉案函请检送相关材料的公函		四川高等法院民事第一庭	19480317	19480317	1	最高法院书记厅	公函	6—6	民字第14475号
四川省大邑县法院民事案件	002—003—0013—0005	002	003	1948	0013	0005	王钟灵民事抗诉书	具状人王钟灵		19481124	19481124	9	四川高等法院民一庭	诉状	7—15	
四川省大邑县法院民事案件	002—003—0013—0006	002	003	1948	0013	0006	四川高等法院民事裁定		四川高等法院	19480406	19480406	2		裁定	16—17	
四川省大邑县法院民事案件	002—003—0013—0007	002	003	1948	0013	0007	王钟灵诉张子封租佃案件案卷备考表		四川高等法院	19480000	19480000	1		表	18—18	
四川省大邑县法院民事案件	002—003—0014—0001	002	003	1948	0014	0001	四川新津县司法处任玉林杀人案件卷宗材料封面		四川新津县司法处	19480000	19480000	1		封面	1—1	
四川省大邑县法院民事案件	002—003—0014—0002	002	003	1948	0014	0002	任玉林刑事上诉状	具状人任玉林		19490122	19490122	4	四川高等法院	上诉状	2—5	
四川省大邑县法院民事案件	002—003—0014—0003	002	003	1948	0014	0003	四川高等法院关于任玉林案上诉的案卷封面		四川高等法院	19480000	19480000	1		封面	6—6	
四川省大邑县法院民事案件	002—003—0014—0004	002	003	1948	0014	0004	四川高等法院刑事上诉案件登记表		四川高等法院	19480000	19480000	2		登记表	7—8	
四川省大邑县法院民事案件	002—003—0014—0005	002	003	1948	0014	0005	案卷目录		四川高等法院	19480000	19480000	1		目录	9—9	
四川省大邑县法院民事案件	002—003—0014—0006	002	003	1948	0014	0006	四川高等法院检察处公函		四川高等法院	19481106	19481106	1		公函	10—10	

全宗名称	档号	全宗号	目录号	年度	案卷号	顺序号	文件题名	责任人	责任者	起始时间	终止时间	页数	受文者	文种	起止页码	文号
四川省大邑县法院民事案件	002—003—0014—0007	002	003	1948	0014	0007	任玉林上诉书	具状人任玉林		19481106	19481106	1		上诉书	11—11	
四川省大邑县法院民事案件	002—003—0014—0008	002	003	1948	0014	0008	田春山、田李氏、田杨氏刑事书状	具状人田春山等		19481102	19481102	9		书状	12—20	
四川省大邑县法院民事案件	002—003—0014—0009	002	003	1948	0014	0009	任玉林刑事声请书	具状人任玉林		19481006	19481006	4		声请书	21—24	
四川省大邑县法院民事案件	002—003—0014—0010	002	003	1948	0014	0010	任玉林缴款代用司法印纸联单			19481016	19481016	1		印纸联单	25—25	
四川省大邑县法院民事案件	002—003—0014—0011	002	003	1948	0014	0011	四川高等法院训令		四川高等法院	19481023	19481023	1		训令	26—26	
四川省大邑县法院民事案件	002—003—0014—0012	002	003	1948	0014	0012	四川高等法院刑事案件审理单		四川高等法院	19481215	19481215	2		审理单	27—28	
四川省大邑县法院民事案件	002—003—0014—0013	002	003	1948	0014	0013	四川高等法院检察处复函		四川高等法院	19481213	19481213	1		公函	29—29	
四川省大邑县法院民事案件	002—003—0014—0014	002	003	1948	0014	0014	田春山等人刑事告诉状	具状人田春山等		19481213	19481213	8		告诉状	30—37	
四川省大邑县法院民事案件	002—003—0014—0015	002	003	1948	0014	0015	田春山等人刑事声请书	具状人田春山等		19481213	19481213	4		声请状	38—41	
四川省大邑县法院民事案件	002—003—0014—0016	002	003	1948	0014	0016	四川高等法院传票送达回证		四川高等法院	19481215	19481215	9	任玉林等	送达回证	42—50	
四川省大邑县法院民事案件	002—003—0014—0017	002	003	1948	0014	0017	四川高等法院刑庭言辞辩论笔录		四川高等法院	19481216	19481216	5		笔录	51—55	
四川省大邑县法院民事案件	002—003—0014—0018	002	003	1948	0014	0018	四川新津县司法处呈递的案件说明		四川新津县司法处	19481203	19481203	2	四川高等法院	信件	56—57	

全宗名称	档号	全宗号	目录号	年度	案卷号	顺序号	文件题名	责任人	责任者	起始时间	终止时间	页数	受文者	文种	起止页码	文号
四川省大邑县法院民事案件	002－003－0014－0019	002	003	1948	0014	0019	成都地方法院看守所收押报告			19481211	19481211	1		报告	58－58	
四川省大邑县法院民事案件	002－003－0014－0020	002	003	1948	0014	0020	四川高等法院还押票回证			19481215	19481215	1		回证	59－59	
四川省大邑县法院民事案件	002－003－0014－0021	002	003	1948	0014	0021	田春山等人刑事声请状	具状人田春山等		19481218	19481218	6		声请状	60－65	
四川省大邑县法院民事案件	002－003－0014－0022	002	003	1948	0014	0022	高雨村等刑事保证状	具状人高雨村等		19481222	19481222	3		保证状	66－68	
四川省大邑县法院民事案件	002－003－0014－0023	002	003	1948	0014	0023	四川高等法院提票回证			19481223	19481223	1		回证	69－69	
四川省大邑县法院民事案件	002－003－0014－0024	002	003	1948	0014	0024	四川高等法院刑事宣判笔录		四川高等法院	19481222	19481222	1		笔录	70－70	
四川省大邑县法院民事案件	002－003－0014－0025	002	003	1948	0014	0025	四川高等法院还押票回证			19481222	19481222	1		回证	71－71	
四川省大邑县法院民事案件	002－003－0014－0026	002	003	1948	0014	0026	四川高等法院刑事判决		四川高等法院	19481222	19481222	4		判决	72－75	
四川省大邑县法院民事案件	002－003－0014－0027	002	003	1948	0014	0027	四川高等法院刑事第二庭公函		四川高等法院	19490112	19490112	1		公函	76－76	
四川省大邑县法院民事案件	002－003－0014－0028	002	003	1948	0014	0028	四川新津县司法处公函		四川新津县司法处	19490122	19490122	1		公函	77－77	
四川省大邑县法院民事案件	002－003－0014－0029	002	003	1948	0014	0029	判决送达证书			19490119	19490119	8	任玉林等	送达证书	78－85	
四川省大邑县法院民事案件	002－003－0015－0001	002	003	1948	0015	0001	四川高等法院关于任玉林杀人一案卷宗封面		四川高等法院	19490000	19490000	1		封面	1－1	
四川省大邑县法院民事案件	002－003－0015－0002	002	003	1948	0015	0002	四川高等法院送达证书		四川高等法院	19480000	19480000	3		送达证书	2－4	

全宗名称	档号	全宗号	目录号	年度	案卷号	顺序号	文件题名	责任人	责任者	起始时间	终止时间	页数	受文者	文种	起止页码	文号
四川省大邑县法院民事案件	002—003—0015—0003	002	003	1948	0015	0003	四川高等法院检察官关于任玉林杀人案答辩书		四川高等法院	19470413	19470413	1		答辩状	5—5	
四川省大邑县法院民事案件	002—003—0015—0004	002	003	1948	0015	0004	四川高等法院检察官上诉状		四川高等法院检察官	19490100	19490100	1		上诉状	6—6	
四川省大邑县法院民事案件	002—003—0015—0005	002	003	1948	0015	0005	四川高等法院检察处关于提起上诉的公函		四川高等法院检察处	19490117	19490117	1		公函	7—7	
四川省大邑县法院民事案件	002—003—0016—0001	002	003	1948	0016	0001	四川高等法院田春山诉任玉林杀人案卷宗材料封面		四川高等法院	19480000	19480000	1		封面	1—1	
四川省大邑县法院民事案件	002—003—0016—0002	002	003	1948	0016	0002	四川新津县司法处刑事案件登记表		四川新津县司法处	19480000	19480000	4		登记表	2—5	
四川省大邑县法院民事案件	002—003—0016—0003	002	003	1948	0016	0003	案件侦查笔录			19480413	19480413	2		笔录	6—7	
四川省大邑县法院民事案件	002—003—0016—0004	002	003	1948	0016	0004	四川新津县司法处押票回证			19480413	19480413	1		回证	8—8	
四川省大邑县法院民事案件	002—003—0016—0005	002	003	1948	0016	0005	田春山、田李氏、田杨氏刑事告诉状	具状人田春山等		19480415	19480415	5		告诉状	9—13	
四川省大邑县法院民事案件	002—003—0016—0006	002	003	1948	0016	0006	田春山缴费代用司法印纸联单			19480415	19480415	1		印纸联单	14—14	
四川省大邑县法院民事案件	002—003—0016—0007	002	003	1948	0016	0007	验尸官出具的检验报告			19480414	19480414	2		报告单	15—16	
四川省大邑县法院民事案件	002—003—0016—0008	002	003	1948	0016	0008	四川新津县司法处送达证书及副本			19480420	19480420	2		送达证书	17—18	

全宗名称	档号	全宗号	目录号	年度	案卷号	顺序号	文件题名	责任人	责任者	起始时间	终止时间	页数	受文者	文种	起止页码	文号
四川省大邑县法院民事案件	002—003—0016—0009	002	003	1948	0016	0009	新津县政府寄送给县长的信件			19480000	19480000	4	刘县长	信件	19—22	
四川省大邑县法院民事案件	002—003—0016—0010	002	003	1948	0016	0010	关于本案的侦查报告			19480421	19480421	3		报告	23—25	
四川省大邑县法院民事案件	002—003—0016—0011	002	003	1948	0016	0011	四川新津县刑庭审讯笔录		四川新津县司法处	19480421	19480421	3		笔录	26—28	
四川省大邑县法院民事案件	002—003—0016—0012	002	003	1948	0016	0012	四川新津县司法处提票回证			19480421	19480421	1		回证	29—29	
四川省大邑县法院民事案件	002—003—0016—0013	002	003	1948	0016	0013	四川新津县司法处押票回证			19480421	19480421	1		回证	30—30	
四川省大邑县法院民事案件	002—003—0016—0014	002	003	1948	0016	0014	李明生刑事辩诉状	具状人李明生		19480417	19480417	7		辩诉状	31—37	
四川省大邑县法院民事案件	002—003—0016—0015	002	003	1948	0016	0015	李明生缴款代用司法印纸联单			19480519	19480519	1		印纸联单	38—38	
四川省大邑县法院民事案件	002—003—0016—0016	002	003	1948	0016	0016	新津县政府寄送给县长的信件			19480000	19480000	6	刘县长	信件	39—44	
四川省大邑县法院民事案件	002—003—0016—0017	002	003	1948	0016	0017	关于案件的证据			19480421	19480421	3		证据	45—47	
四川省大邑县法院民事案件	002—003—0016—0018	002	003	1948	0016	0018	田春山等刑事告诉状	具状人田春山等		19480423	19480423	5		告诉状	48—52	
四川省大邑县法院民事案件	002—003—0016—0019	002	003	1948	0016	0019	田春山缴费代用司法印纸联单			19480428	19480428	1		印纸联单	53—53	
四川省大邑县法院民事案件	002—003—0016—0020	002	003	1948	0016	0020	关于案件的证据			19480000	19480000	3		证据	54—56	
四川省大邑县法院民事案件	002—003—0016—0021	002	003	1948	0016	0021	田春山等刑事告诉状	具状人田春山等		19480504	19480504	5		告诉状	57—61	

全宗名称	档号	全宗号	目录号	年度	案卷号	顺序号	文件题名	责任人	责任者	起始时间	终止时间	页数	受文者	文种	起止页码	文号
四川省大邑县法院民事案件	002—003—0016—0022	002	003	1948	0016	0022	田春山缴费代用司法印纸联单			19480505	19480505	1		印纸联单	62—62	
四川省大邑县法院民事案件	002—003—0016—0023	002	003	1948	0016	0023	任玉林辩诉状	具状人任玉林		19480504	19480504	5		辩诉状	63—67	
四川省大邑县法院民事案件	002—003—0016—0024	002	003	1948	0016	0024	任玉林缴款代用司法印纸联单			19480504	19480504	1		印纸联单	68—68	
四川省大邑县法院民事案件	002—003—0016—0025	002	003	1948	0016	0025	关于案件的证据			19480000	19480000	12		证据	69—80	
四川省大邑县法院民事案件	002—003—0016—0026	002	003	1948	0016	0026	田春山等刑事告诉状	具状人田春山等		19480521	19480521	5		告诉状	81—85	
四川省大邑县法院民事案件	002—003—0016—0027	002	003	1948	0016	0027	田春山缴款代用司法印纸联单			19480521	19480521	1		印纸联单	86—86	
四川省大邑县法院民事案件	002—003—0016—0028	002	003	1948	0016	0028	四川新津县司法处送达证书			19480526	19480526	1		送达证书	87—87	
四川省大邑县法院民事案件	002—003—0016—0029	002	003	1948	0016	0029	四川新津县司法处刑庭点名单			19480526	19480526	1		点名单	88—88	
四川省大邑县法院民事案件	002—003—0016—0030	002	003	1948	0016	0030	田春山等刑事告诉状	具状人田春山等		19480618	19480618	6		告诉状	89—94	
四川省大邑县法院民事案件	002—003—0016—0031	002	003	1948	0016	0031	田春山缴款代用司法印纸联单			19480618	19480618	1		印纸联单	95—95	
四川省大邑县法院民事案件	002—003—0016—0032	002	003	1948	0016	0032	任玉林刑事书状	具状人任玉林		19480622	19480622	6		书状	96—101	
四川省大邑县法院民事案件	002—003—0016—0033	002	003	1948	0016	0033	任玉林缴款代用司法印纸联单			19480622	19480622	1		印纸联单	102—102	
四川省大邑县法院民事案件	002—003—0016—0034	002	003	1948	0016	0034	新津县顺江乡公所出具的证明文件			19480600	19480600	3		证明	103—105	

全宗名称	档号	全宗号	目录号	年度	案卷号	顺序号	文件题名	责任人	责任者	起始时间	终止时间	页数	受文者	文种	起止页码	文号
四川省大邑县法院民事案件	002—003—0016—0035	002	003	1948	0016	0035	四川新津县司法处刑庭审讯笔录		四川新津县司法处	19480000	19480000	3		笔录	106—108	
四川省大邑县法院民事案件	002—003—0016—0036	002	003	1948	0016	0036	四川新津县司法处提票回证			19480701	19480701	1		回证	109—109	
四川省大邑县法院民事案件	002—003—0016—0037	002	003	1948	0016	0037	四川新津县司法处押票回证			19480701	19480701	1		回证	110—110	
四川省大邑县法院民事案件	002—003—0016—0038	002	003	1948	0016	0038	刘景源写给司法处的信件			19480000	19480000	7		信件	111—117	
四川省大邑县法院民事案件	002—003—0016—0039	002	003	1948	0016	0039	四川高等法院检察处训令			19480804	19480804	5		训令	118—122	
四川省大邑县法院民事案件	002—003—0017—0001	002	003	1948	0017	0001	四川大邑县人民法院彭林氏诉彭氏之民事诉讼卷宗封面		四川大邑县法院	19480000	19480000	1		封面	1—1	
四川省大邑县法院民事案件	002—003—0017—0002	002	003	1948	0017	0002	四川新津县司法处彭林氏诉彭民之侵害权利登记表		四川新津县司法处	19481123	19481230	1		表	2—2	
四川省大邑县法院民事案件	002—003—0017—0003	002	003	1948	0017	0003	四川高等法院彭林氏诉彭民之侵害权利卷宗目录		四川新津县司法处	19480000	19480000	1		目录	3—3	
四川省大邑县法院民事案件	002—003—0017—0004	002	003	1948	0017	0004	彭林氏等人关于侵害权利案件民事起诉书	具状人彭林氏等人		19481123	19481123	3	新津县司法处民事庭	诉状	4—6	
四川省大邑县法院民事案件	002—003—0017—0005	002	003	1948	0017	0005	新津县司法处彭林氏等人缴纳缮状费代用司法印纸联单		四川新津县司法处	19481123	19481123	2		收据	7—8	

全宗名称	档号	全宗号	目录号	年度	案卷号	顺序号	文件题名	责任人	责任者	起始时间	终止时间	页数	受文者	文种	起止页码	文号
四川省大邑县法院民事案件	002—003—0017—0006	002	003	1948	0017	0006	关于证明产权权属的契约、登记等证据材料			19480000	19480000	4		证据	9—12	
四川省大邑县法院民事案件	002—003—0017—0007	002	003	1948	0017	0007	四川新津县关于侵害权利民事案件审理单		四川新津县司法处	19481129	19481129	1		审理单	13—13	
四川省大邑县法院民事案件	002—003—0017—0008	002	003	1948	0017	0008	四川新津县司法处关于侵害权利案件起诉书副本送达证书		四川新津县司法处	19481208	19481208	2		送达证书	14—15	
四川省大邑县法院民事案件	002—003—0017—0009	002	003	1948	0017	0009	彭禹之民事委任状	具状人彭禹之		19481007	19481007	2		委任状	16—17	
四川省大邑县法院民事案件	002—003—0017—0010	002	003	1948	0017	0010	关于声请变更日期查彭禹之与彭锡三等人涉嫌房产诉讼一案的声请书	马文德律师		19481211	19481211	1	四川新津县司法处	申请书	18—18	
四川省大邑县法院民事案件	002—003—0017—0011	002	003	1948	0017	0011	彭禹之民事答辩状	具状人彭禹之		19481211	19481211	3	四川新津县司法处	答辩状	19—21	
四川省大邑县法院民事案件	002—003—0017—0012	002	003	1948	0017	0012	四川新津县司法处民事点名单		四川新津县司法处	19481213	19481213	1		点名单	22—22	
四川省大邑县法院民事案件	002—003—0017—0013	002	003	1948	0017	0013	彭禹之等人民事诉讼庭审笔录		四川新津县司法处	19481213	19481213	3		笔录	23—25	
四川省大邑县法院民事案件	002—003—0017—0014	002	003	1948	0017	0014	四川新津县司法处关于侵害权利一案审理单		四川新津县司法处	19481215	19481215	1		通知	26—26	

全宗名称	档号	全宗号	目录号	年度	案卷号	顺序号	文件题名	责任人	责任者	起始时间	终止时间	页数	受文者	文种	起止页码	文号
四川省大邑县法院民事案件	002—003—0017—0015	002	003	1948	0017	0015	四川新津县司法处关于侵害权利一案通知书的送达证书		四川新津县司法处	19481216	19481216	3		送达证书	27—29	
四川省大邑县法院民事案件	002—003—0017—0016	002	003	1948	0017	0016	四川新津县司法处彭锡三、彭林氏、彭禹之等人侵害权利案件民事点名单		四川新津县司法处	19481228	19481228	1		点名单	30—30	
四川省大邑县法院民事案件	002—003—0017—0017	002	003	1948	0017	0017	四川新津县司法处彭锡三、彭禹之等人侵害权利案件审讯笔录		四川新津县司法处	19481228	19481228	3		笔录	31—33	
四川省大邑县法院民事案件	002—003—0017—0018	002	003	1948	0017	0018	四川新津县司法处宣判笔录		四川新津县司法处	19481230	19481230	1		笔录	34—34	
四川省大邑县法院民事案件	002—003—0017—0019	002	003	1948	0017	0019	四川新津县司法处关于彭锡三等人侵害权利案件民事判决书		四川新津县司法处	19481230	19481230	4		判决书	35—38	
四川省大邑县法院民事案件	002—003—0017—0020	002	003	1948	0017	0020	四川新津县司法处侵害权利一案判决书送达证书		四川新津县司法处	19480103	19480103	2		送达证书	39—40	
四川省大邑县法院民事案件	002—003—0017—0021	002	003	1948	0017	0021	彭锡三、彭林氏等人关于声请辩论维护产权民事声请	具状人彭锡三等人		19490105	19490105	3		声请书	41—43	
四川省大邑县法院民事案件	002—003—0018—0001	002	003	1948	0018	0001	四川省新津县司法处张杨氏诉郑仕澄产权案民事卷宗封面		四川新津县司法处	19480000	19480000	1		封面	1—1	

全宗名称	档号	全宗号	目录号	年度	案卷号	顺序号	文件题名	责任人	责任者	起始时间	终止时间	页数	受文者	文种	起止页码	文号
四川省大邑县法院民事案件	002—003—0018—0002	002	003	1948	0018	0002	张杨氏、张姜氏、张刘氏民事起诉状	具状人张杨氏等		19480701	19480701	4		起诉状	2—5	
四川省大邑县法院民事案件	002—003—0018—0003	002	003	1948	0018	0003	张杨氏缴款代用司法印纸联单			19480713	19480713	2		印纸联单	6—7	
四川省大邑县法院民事案件	002—003—0018—0004	002	003	1948	0018	0004	四川新津县司法处民事裁定		四川新津县司法处	19480711	19480711	1		裁定	8—8	
四川省大邑县法院民事案件	002—003—0018—0005	002	003	1948	0018	0005	新津县司法处送达证书			19481110	19481110	2	张杨氏等	送达证书	9—10	
四川省大邑县法院民事案件	002—003—0018—0006	002	003	1948	0018	0006	郑仕澄民事缴状	具状人郑仕澄		19481113	19481113	5		缴状	11—15	
四川省大邑县法院民事案件	002—003—0018—0007	002	003	1948	0018	0007	郑仕澄民事上诉状	具状人郑仕澄		19481113	19481113	3		上诉状	16—18	
四川省大邑县法院民事案件	002—003—0018—0008	002	003	1948	0018	0008	四川新津县司法处民事案件审理单		四川新津县司法处	19481103	19481103	1		审理单	19—19	
四川省大邑县法院民事案件	002—003—0018—0009	002	003	1948	0018	0009	四川高等法院民一庭公函		四川高等法院	19481217	19481217	1		公函	20—20	
四川省大邑县法院民事案件	002—003—0018—0010	002	003	1948	0018	0010	张杨氏等民事声请状	具状人张杨氏等		19490104	19490104	2		声请状	21—22	
四川省大邑县法院民事案件	002—003—0018—0011	002	003	1948	0018	0011	郑仕澄民事声请状	具状人郑仕澄		19481105	19481105	3		声请状	23—25	
四川省大邑县法院民事案件	002—003—0018—0012	002	003	1948	0018	0012	四川新津县司法处民事笔录		四川新津县司法处	19480803	19480803	2		笔录	26—27	
四川省大邑县法院民事案件	002—003—0018—0013	002	003	1948	0018	0013	张杨氏等民事答辩状	具状人张杨氏等		19480807	19480807	3		答辩状	28—30	

全宗名称	档号	全宗号	目录号	年度	案卷号	顺序号	文件题名	责任人	责任者	起始时间	终止时间	页数	受文者	文种	起止页码	文号
四川省大邑县法院民事案件	002—003—0018—0014	002	003	1948	0018	0014	张杨氏缴款代用司法印纸联单			19480807	19480807	1		印纸联单	31—31	
四川省大邑县法院民事案件	002—003—0018—0015	002	003	1948	0018	0015	四川新津县司法处民事案件审理单		四川新津县司法处	19480921	19480921	1		审理单	32—32	
四川省大邑县法院民事案件	002—003—0018—0016	002	003	1948	0018	0016	四川新津县司法处送达证书			19480923	19480923	2		送达证书	33—34	
四川省大邑县法院民事案件	002—003—0018—0017	002	003	1948	0018	0017	四川新津县司法处民庭点名单		四川新津县司法处	19480925	19480925	1		点名单	35—35	
四川省大邑县法院民事案件	002—003—0018—0018	002	003	1948	0018	0018	四川新津县司法处民庭审讯笔录		四川新津县司法处	19480925	19480925	3		笔录	36—38	
四川省大邑县法院民事案件	002—003—0018—0019	002	003	1948	0018	0019	四川新津县司法处民庭宣判笔录		四川新津县司法处	19480930	19480930	6		笔录	39—44	
四川省大邑县法院民事案件	002—003—0018—0020	002	003	1948	0018	0020	四川新津县司法处判决送达证书			19481022	19481022	1	张杨氏等	送达证书	45—45	
四川省大邑县法院民事案件	002—003—0018—0021	002	003	1948	0018	0021	郑仕澄民事上诉状	具状人郑仕澄		19480000	19480000	2		书状	46—47	
四川省大邑县法院民事案件	002—003—0018—0022	002	003	1948	0018	0022	田赋征收通知单			19480000	19480000	1		文件	48—48	
四川省大邑县法院民事案件	002—003—0018—0023	002	003	1948	0018	0023	四川高等法院民事判决书		四川高等法院	19480615	19480615	4		判决	49—52	
四川省大邑县法院民事案件	002—003—0018—0024	002	003	1948	0018	0024	四川高等法院民一庭公函		四川高等法院	19490427	19490427	2		公函	53—54	
四川省大邑县法院民事案件	002—003—0018—0025	002	003	1948	0018	0025	张杨氏等上诉状	具状人张杨氏等		19480000	19480000	2		上诉状	55—56	
四川省大邑县法院民事案件	002—003—0018—0026	002	003	1948	0018	0026	张杨氏缴款代用司法印纸联单			19490307	19490307	3		印纸联单	57—59	

全宗名称	档号	全宗号	目录号	年度	案卷号	顺序号	文件题名	责任人	责任者	起始时间	终止时间	页数	受文者	文种	起止页码	文号
四川省大邑县法院民事案件	002—003—0018—0027	002	003	1948	0018	0027	四川高等法院民事裁定		四川高等法院	19490311	19490311	1		裁定	60—60	
四川省大邑县法院民事案件	002—003—0018—0028	002	003	1948	0018	0028	四川新津县司法处公函		四川新津县司法处	19490416	19490416	1		公函	61—61	
四川省大邑县法院民事案件	002—003—0018—0029	002	003	1948	0018	0029	裁定送达证书			19490403	19490403	2		送达证书	62—63	
四川省大邑县法院民事案件	002—003—0018—0030	002	003	1948	0018	0030	郑仕澄答辩状	具状人郑仕澄		19490723	19490723	4		答辩状	64—67	
四川省大邑县法院民事案件	002—003—0018—0031	002	003	1948	0018	0031	郑仕澄缴款代用司法印纸联单			19490723	19490723	1		印纸联单	68—68	
四川省大邑县法院民事案件	002—003—0018—0032	002	003	1948	0018	0032	四川新津县司法处民事案件审理单		四川新津县司法处	19490403	19490403	1		审理单	69—69	
四川省大邑县法院民事案件	002—003—0018—0033	002	003	1948	0018	0033	四川新津县司法处传票送达证书			19490716	19490716	2	郑仕澄等	送达证书	70—71	
四川省大邑县法院民事案件	002—003—0018—0034	002	003	1948	0018	0034	四川新津县司法处民庭点名单		四川新津县司法处	19490724	19490724	1		点名单	72—72	
四川省大邑县法院民事案件	002—003—0018—0035	002	003	1948	0018	0035	四川新津县司法处审讯笔录		四川新津县司法处	19490724	19490724	3		笔录	73—75	
四川省大邑县法院民事案件	002—003—0018—0036	002	003	1948	0018	0036	张杨氏等民事补充理由状	具状人张杨氏等		19480723	19480723	4		书状	76—79	
四川省大邑县法院民事案件	002—003—0018—0037	002	003	1948	0018	0037	张杨氏缴款代用司法印纸联单			19480723	19480723	1		印纸联单	80—80	
四川省大邑县法院民事案件	002—003—0018—0038	002	003	1948	0018	0038	张杨氏等民事补充答辩状	具状人张杨氏等		19480728	19480728	5		答辩状	81—85	
四川省大邑县法院民事案件	002—003—0018—0039	002	003	1948	0018	0039	张杨氏缴款代用司法印纸联单			19480728	19480728	1		印纸联单	86—86	

全宗名称	档号	全宗号	目录号	年度	案卷号	顺序号	文件题名	责任人	责任者	起始时间	终止时间	页数	受文者	文种	起止页码	文号
四川省大邑县法院民事案件	002—003—0018—0040	002	003	1948	0018	0040	四川新津县司法处案件审理单		四川新津县司法处	19480802	19480802	1		审理单	87—87	
四川省大邑县法院民事案件	002—003—0018—0041	002	003	1948	0018	0041	四川新津县司法处送达证书			19480728	19480728	2		送达证书	88—89	
四川省大邑县法院民事案件	002—003—0018—0042	002	003	1948	0018	0042	四川新津县司法处民庭点名单		四川新津县司法处	19480803	19480803	1		点名单	90—90	
四川省大邑县法院民事案件	002—003—0018—0043	002	003	1948	0018	0043	四川新津县司法处审讯笔录		四川新津县司法处	19480803	19480803	2		笔录	91—92	
四川省大邑县法院民事案件	002—003—0019—00001	002	003	1948	0019	0001	四川大邑县人民法院牟孔彰诉熊周氏请求增加返还债权民事卷宗封面		四川大邑县法院	19480000	19480000	1		封面	1—1	
四川省大邑县法院民事案件	002—003—0019—00002	002	003	1948	0019	0002	牟孔彰民事申请状	具状人牟孔彰		19480629	19480629	5		申请状	2—6	
四川省大邑县法院民事案件	002—003—0019—00003	002	003	1948	0019	0003	新津县北街15号寄送给四川高等法院民三庭的信件			19480000	19480000	2		信件	7—8	
四川省大邑县法院民事案件	002—003—0019—00004	002	003	1948	0019	0004	四川高等法院民事裁定		四川高等法院	19480707	19480707	1		裁定	9—9	
四川省大邑县法院民事案件	002—003—0019—00005	002	003	1948	0019	0005	四川高等法院民三庭公函		四川高等法院	19480713	19480713	1		公函	10—10	
四川省大邑县法院民事案件	002—003—0019—00006	002	003	1948	0019	0006	四川新津县司法处公函		四川新津县司法处	19480731	19480731	1		公函	11—11	
四川省大邑县法院民事案件	002—003—0019—00007	002	003	1948	0019	0007	四川新津县司法处送达证书			19480721	19480721	3		送达证书	12—14	
四川省大邑县法院民事案件	002—003—0019—00008	002	003	1948	0019	0008	牟孔彰民事上诉状	具状人牟孔彰		19480801	19480801	6		上诉状	15—20	

全宗名称	档号	全宗号	目录号	年度	案卷号	顺序号	文件题名	责任人	责任者	起始时间	终止时间	页数	受文者	文种	起止页码	文号
四川省大邑县法院民事案件	002—003—0019—00009	002	003	1948	0019	0009	四川高等法院民事裁定		四川高等法院	19480707	19480707	1		裁定	21—21	
四川省大邑县法院民事案件	002—003—0019—00010	002	003	1948	0019	0010	牟孔彰缴款代用司法印纸联单			19480810	19480810	2		印纸联单	22—23	
四川省大邑县法院民事案件	002—003—0019—00011	002	003	1948	0019	0011	牟孔彰寄送南京最高法院的材料			19480000	19480000	1		信件	24—24	
四川省大邑县法院民事案件	002—003—0019—00012	002	003	1948	0019	0012	四川大邑县人民法院牟孔彰诉熊周氏请求增加返还债权民事卷宗封面		四川大邑县人民法院	19480000	19480000			封面	25—25	
四川省大邑县法院民事案件	002—003—0019—00013	002	003	1948	0019	0013	熊周氏民事委任状	具状人熊周氏		19480405	19480405	3	黄泽宣	委任状	26—28	
四川省大邑县法院民事案件	002—003—0019—00014	002	003	1948	0019	0014	四川新津县司法处书记室公函		四川新津县司法处	19480410	19480410	1		公函	29—29	
四川省大邑县法院民事案件	002—003—0019—00015	002	003	1948	0019	0015	四川新津县司法处传票送达证书			19480319	19480319	2	牟孔彰、熊周氏	送达证书	30—31	
四川省大邑县法院民事案件	002—003—0019—00016	002	003	1948	0019	0016	四川高等法院宣示判决笔录		四川高等法院	19480412	19480412	1		笔录	32—32	
四川省大邑县法院民事案件	002—003—0019—00017	002	003	1948	0019	0017	四川高等法院民事判决书		四川高等法院	19480412	19480412	2		判决书	33—34	
四川省大邑县法院民事案件	002—003—0019—00018	002	003	1948	0019	0018	四川高等法院民三庭公函		四川高等法院	19480617	19480617	1		公函	35—35	
四川省大邑县法院民事案件	002—003—0019—00019	002	003	1948	0019	0019	牟孔彰民事申请状	具状人牟孔彰		19480605	19480605	6		申请状	36—41	
四川省大邑县法院民事案件	002—003—0019—00020	002	003	1948	0019	0020	四川新津县司法处书记室公函		四川新津县司法处	19480628	19480628	1		公函	42—42	
四川省大邑县法院民事案件	002—003—0019—00021	002	003	1948	0019	0021	四川新津县司法处判决送达证书			19480622	19480622	2	牟孔彰、熊周氏	送达证书	43—44	

全宗名称	档号	全宗号	目录号	年度	案卷号	顺序号	文件题名	责任人	责任者	起始时间	终止时间	页数	受文者	文种	起止页码	文号
四川省大邑县法院民事案件	002—003—0019—00022	002	003	1948	0019	0022	四川新津县司法处案件登记表		四川新津县司法处	19480000	19480000	4		登记表	45—48	
四川省大邑县法院民事案件	002—003—0019—00023	002	003	1948	0019	0023	牟孔彰撰写的民事书状	具状人牟孔彰		19471000	19471000	3		书状	49—51	
四川省大邑县法院民事案件	002—003—0019—00024	002	003	1948	0019	0024	牟孔彰缴款代用司法印纸联单			19471023	19471023	2		印纸联单	52—53	
四川省大邑县法院民事案件	002—003—0019—00025	002	003	1948	0019	0025	熊周氏民事答辩状	具状人熊周氏		19471124	19471124	3		答辩状	54—56	
四川省大邑县法院民事案件	002—003—0019—00026	002	003	1948	0019	0026	熊周氏缴款代用司法印纸联单			19471124	19471124	1		印纸联单	57—57	
四川省大邑县法院民事案件	002—003—0019—00027	002	003	1948	0019	0027	牟孔彰民事续请状	具状人牟孔彰		19471129	19471129	3		续请状	58—60	
四川省大邑县法院民事案件	002—003—0019—00028	002	003	1948	0019	0028	四川新津县司法处传票送达证书			19471123	19471123	3	牟孔彰、熊周氏	送达证书	61—63	
四川省大邑县法院民事案件	002—003—0019—00029	002	003	1948	0019	0029	熊子麟、牟孔彰之间的借款凭证			19480000	19480000	4		证据	64—67	
四川省大邑县法院民事案件	002—003—0019—00030	002	003	1948	0019	0030	四川新津县司法处民庭点名单		四川新津县司法处	19471129	19471129	1		点名单	68—68	
四川省大邑县法院民事案件	002—003—0019—00031	002	003	1948	0019	0031	四川新津县司法处民庭审讯笔录		四川新津县司法处	19471129	19471129	3		笔录	69—71	
四川省大邑县法院民事案件	002—003—0019—00032	002	003	1948	0019	0032	牟孔彰民事声请状	具状人牟孔彰		19471200	19471200	3		声请状	72—74	
四川省大邑县法院民事案件	002—003—0019—00033	002	003	1948	0019	0033	牟孔彰缴款代用司法印纸联单			19471205	19471205	1		印纸联单	75—75	
四川省大邑县法院民事案件	002—003—0019—00034	002	003	1948	0019	0034	牟孔彰民事续请状	具状人牟孔彰		19471208	19471208	3		续请状	76—78	
四川省大邑县法院民事案件	002—003—0019—00035	002	003	1948	0019	0035	牟孔彰缴款代用司法印纸联单			19471208	19471208	1		印纸联单	79—79	

全宗名称	档号	全宗号	目录号	年度	案卷号	顺序号	文件题名	责任人	责任者	起始时间	终止时间	页数	受文者	文种	起止页码	文号
四川省大邑县法院民事案件	002—003—0019—00036	002	003	1948	0019	0036	四川新津县司法处传票送达证书			19471209	19471209	3		送达证书	80—82	
四川省大邑县法院民事案件	002—003—0019—00037	002	003	1948	0019	0037	四川新津县司法处民庭点名单		四川新津县司法处	19471211	19471211	2		点名单	83—84	
四川省大邑县法院民事案件	002—003—0019—00038	002	003	1948	0019	0038	四川新津县司法处民庭审讯笔录		四川新津县司法处	19471211	19471211	3		笔录	85—87	
四川省大邑县法院民事案件	002—003—0019—00039	002	003	1948	0019	0039	牟孔彰民国29年冬月出具的收条			19480000	19480000	1		证据	88—88	
四川省大邑县法院民事案件	002—003—0019—00040	002	003	1948	0019	0040	四川新津县司法处传票送达证书			19471220	19471220	3		送达证书	89—91	
四川省大邑县法院民事案件	002—003—0019—00041	002	003	1948	0019	0041	四川新津县司法处民庭点名单		四川新津县司法处	19471230	19471230	1		点名单	92—92	
四川省大邑县法院民事案件	002—003—0019—00042	002	003	1948	0019	0042	四川新津县司法处民庭审讯笔录		四川新津县司法处	19471230	19471230	3		笔录	93—95	
四川省大邑县法院民事案件	002—003—0019—00043	002	003	1948	0019	0043	四川新津县司法处民事判决书		四川新津县司法处	19480000	19480000	2		判决	96—97	
四川省大邑县法院民事案件	002—003—0019—00044	002	003	1948	0019	0044	四川新津县司法处判决送达证书			19480115	19480115	2		送达证书	98—99	
四川省大邑县法院民事案件	002—003—0019—00045	002	003	1948	0019	0045	牟孔彰民事申诉状	具状人牟孔彰		19480407	19480407	4		申诉状	100—103	
四川省大邑县法院民事案件	002—003—0019—00046	002	003	1948	0019	0046	四川高等法院民三庭点名单		四川高等法院	19480407	19480407	1		点名单	104—104	
四川省大邑县法院民事案件	002—003—0019—00047	002	003	1948	0019	0047	四川高等法院民三庭言辞辩论笔录		四川高等法院	19480407	19480407	4		笔录	105—108	
四川省大邑县法院民事案件	002—003—0019—00048	002	003	1948	0019	0048	牟孔彰民国29年冬月出具的收条			19480000	19480000	2		证据	109—110	

全宗名称	档号	全宗号	目录号	年度	案卷号	顺序号	文件题名	责任人	责任者	起始时间	终止时间	页数	受文者	文种	起止页码	文号
四川省大邑县法院民事案件	002—003—0020—0001	002	003	1948	0020	0001	四川新津县司法处吴雷氏诉吴培湘离婚第一审民事诉讼卷宗		四川新津县司法处	19480000	19480000	94		民事卷宗	1—94	
四川省大邑县法院民事案件	002—003—0021—0001	002	003	1948	0021	0001	四川新津县司法处焦周氏诉焦润浦离婚案件第一审民事诉讼卷宗		四川新津县司法处	19480000	19480000	1		封面	1—1	
四川省大邑县法院民事案件	002—003—0021—0002	002	003	1948	0021	0002	四川新津县司法处焦周氏毒焦润浦离婚案件第一审民事判决书		四川新津县司法处	19480226	19480226	5		判决书	2—6	
四川省大邑县法院民事案件	002—003—0021—0003	002	003	1948	0021	0003	云南永胜县司法处焦周氏诉焦润浦重婚案件刑事判决书		云南永胜县司法处	19480000	19480000	3		判决书	7—9	
四川省大邑县法院民事案件	002—003—0022—0001	002	003	1948	0022	0001	四川大邑县人民法院刘纪常诉肖毓箐返还白米民事诉讼卷宗封面		四川大邑县人民法院	19480000	19480000	1		封面	1—1	
四川省大邑县法院民事案件	002—003—0022—0002	002	003	1948	0022	0002	刘纪常上诉案件四川高等法院民事裁定	审判长余其贞	四川高等法院民事第三庭	19490301	19490301	1		裁定书	2—2	
四川省大邑县法院民事案件	002—003—0022—0003	002	003	1948	0022	0003	四川高等法院要求送达当事人裁定的公函		四川高等法院民事第三庭	19490308	19490308	1	四川新津县司法处	公函	3—3	亨字第2015号
四川省大邑县法院民事案件	002—003—0022—0004	002	003	1948	0022	0004	四川新津县司法处公函		四川新津县司法处	19480323	19480323	1	四川高等法院	公函	4—4	民字第28号
四川省大邑县法院民事案件	002—003—0022—0005	002	003	1948	0022	0005	送达证书两件		四川新津县司法处	19490305	19490405	2		送达证书	5—6	

全宗名称	档号	全宗号	目录号	年度	案卷号	顺序号	文件题名	责任人	责任者	起始时间	终止时间	页数	受文者	文种	起止页码	文号
四川省大邑县法院民事案件	002—003—0022—0006	002	003	1948	0022	0006	租佃契约			19490328	19490328	2		证据	7—8	
四川省大邑县法院民事案件	002—003—0022—0007	002	003	1948	0022	0007	刘纪常委任律师委任状	具状人刘纪常		19490302	19490302	2	四川高等法院民事第三庭	委任状	9—10	
四川省大邑县法院民事案件	002—003—0022—0008	002	003	1948	0022	0008	刘纪常民事上诉状	具状人刘纪常		19490127	19490127	4	四川高等法院	上诉状	11—14	
四川省大邑县法院民事案件	002—003—0022—0009	002	003	1948	0022	0009	刘纪常卷证标目		四川高等法院	19490000	19490000	2		卷证标目	15—16	
四川省大邑县法院民事案件	002—003—0022—0010	002	003	1948	0022	0010	四川新津才能司法处关于刘纪常请求上诉的公函		四川新津县司法处	19480123	19480123	2	四川高等法院	公函	17—18	民字第1477号
四川省大邑县法院民事案件	002—003—0022—0011	002	003	1948	0022	0011	刘纪常民事诉状	具状人刘纪常		19480500	19480500	5	审判官张	诉状	19—23	
四川省大邑县法院民事案件	002—003—0022—0012	002	003	1948	0022	0012	刘纪常缴纳上诉声请费用代用司法印纸联单		四川新津县司法处	19480517	19480517	2		印纸联单	24—25	
四川省大邑县法院民事案件	002—003—0022—0013	002	003	1948	0022	0013	四川新津县司法处关于刘纪常上诉案件民事裁定		四川新津县司法处	19480519	19480519	1		裁定书	26—26	
四川省大邑县法院民事案件	002—003—0022—0014	002	003	1948	0022	0014	裁定书副状送达证书		四川新津县司法处	19480519	19480519	2		送达证书	27—28	
四川省大邑县法院民事案件	002—003—0022—0015	002	003	1948	0022	0015	刘纪常民事缴状	具状人刘纪常		19480529	19480529	3		民事缴状	29—31	
四川省大邑县法院民事案件	002—003—0022—0016	002	003	1948	0022	0016	刘纪常、肖玉清返还白米案审理单		四川新津县司法处	19480709	19480709	1		审理单	32—32	

全宗名称	档号	全宗号	目录号	年度	案卷号	顺序号	文件题名	责任人	责任者	起始时间	终止时间	页数	受文者	文种	起止页码	文号
四川省大邑县法院民事案件	002—003—0022—0017	002	003	1948	0022	0017	四川高等法院确定开庭日期的公函		四川高等法院第三庭	19480604	19480604	1	四川新津县司法处	公函	33—33	亨字第6089号
四川省大邑县法院民事案件	002—003—0022—0018	002	003	1948	0022	0018	四川新津县司法处书记室公函		四川新津县司法处	19480618	19480618	1	四川高等法院	公函	34—34	民字第26号
四川省大邑县法院民事案件	002—003—0022—0019	002	003	1948	0022	0019	传票送达证书		四川新津县司法处	19480602	19480692	3		送达证书	35—37	
四川省大邑县法院民事案件	002—003—0022—0020	002	003	1948	0022	0020	萧毓蕃委托搭理律师的委任状	具状人萧毓蕃		19480626	19480626	2	四川高等法院	委任状	38—39	
四川省大邑县法院民事案件	002—003—0022—0021	002	003	1948	0022	0021	四川高等法院民三庭点名单		四川高等法院	19480709	19480709	2		点名单	40—41	
四川省大邑县法院民事案件	002—003—0022—0022	002	003	1948	0022	0022	言辞辩论笔录		四川高等法院	19480709	19480709	11		笔录	42—52	
四川省大邑县法院民事案件	002—003—0022—0023	002	003	1948	0022	0023	萧毓蕃认证笔录	具状人萧毓蕃		19470908	19470908	2		证据	53—54	
四川省大邑县法院民事案件	002—003—0022—0024	002	003	1948	0022	0024	萧毓蕃裁判费代用司法印纸联单		四川新津县司法处	19470908	19470908	1		印纸联单	55—55	审字第59号
四川省大邑县法院民事案件	002—003—0022—0025	002	003	1948	0022	0025	刘纪常诉状	具状人刘纪常		19470917	19470917	3		民事辩诉	56—58	
四川省大邑县法院民事案件	002—003—0022—0026	002	003	1948	0022	0026	传票送达证书		四川新津县司法处	19470912	19470912	2		送达证书	59—60	
四川省大邑县法院民事案件	002—003—0022—0027	002	003	1948	0022	0027	四川新津县司法处民事庭点名单		四川新津县司法处	19470919	19470919	1		点名单	61—61	
四川省大邑县法院民事案件	002—003—0022—0028	002	003	1948	0022	0028	刘纪常、萧毓蕃返还白米案审讯笔录	审判官张维卿	四川新津县司法处	19470919	19470919	3		笔录	62—64	
四川省大邑县法院民事案件	002—003—0022—0029	002	003	1948	0022	0029	萧毓蕃民事声请	具状人萧毓蕃		19470900	19470900	5	四川新津县司法处	声请	65—69	

全宗名称	档号	全宗号	目录号	年度	案卷号	顺序号	文件题名	责任人	责任者	起始时间	终止时间	页数	受文者	文种	起止页码	文号
四川省大邑县法院民事案件	002—003—0022—0030	002	003	1948	0022	0030	刘纪常民事声请	具状人刘纪常		19471019	19471019	3	四川新津县司法处	声请	70—72	
四川省大邑县法院民事案件	002—003—0022—0031	002	003	1948	0022	0031	刘纪常缴纳缮状费代用司法印纸联单		四川新津县司法处	19471022	19471022	1		印纸联单	73—73	
四川省大邑县法院民事案件	002—003—0022—0032	002	003	1948	0022	0032	传票送达证书		四川新津县司法处	19471023	19471023	3		送达证书	74—76	
四川省大邑县法院民事案件	002—003—0022—0033	002	003	1948	0022	0033	新津县司法处民庭点名单		四川新津县司法处	19471028	19471028	1		点名单	77—77	
四川省大邑县法院民事案件	002—003—0022—0034	002	003	1948	0022	0034	萧毓蕃、刘纪常返还白米案民事审讯笔录	审判官张维卿	四川新津县司法处	19471028	19471028	4		笔录	78—81	
四川省大邑县法院民事案件	002—003—0022—0035	002	003	1948	0022	0035	刘纪常民事答辩状	具状人刘纪常		19471100	19471100	3	四川新津县司法处	答辩状	82—84	
四川省大邑县法院民事案件	002—003—0022—0036	002	003	1948	0022	0036	刘纪常缴纳缮状费代用司法印纸联单		四川新津县司法处	19471120	19471120	1		印纸联单	85—85	缮字第1330号
四川省大邑县法院民事案件	002—003—0022—0037	002	003	1948	0022	0037	萧毓蕃民事声请	具状人萧毓蕃		19471217	19471217	3	四川新津县司法处	声请	86—88	
四川省大邑县法院民事案件	002—003—0022—0038	002	003	1948	0022	0038	萧毓蕃缴纳缮状费代用司法印纸联单		四川新津县司法处	19471218	19471218	2		印纸联单	89—90	缮字第1496号
四川省大邑县法院民事案件	002—003—0022—0039	002	003	1948	0022	0039	萧毓蕃民事起诉书	具状人萧毓蕃		19480300	19480300	4	四川新津县司法处	起诉书	91—94	

全宗名称	档号	全宗号	目录号	年度	案卷号	顺序号	文件题名	责任人	责任者	起始时间	终止时间	页数	受文者	文种	起止页码	文号
四川省大邑县法院民事案件	002—003—0022—0040	002	003	1948	0022	0040	刘纪常答辩状	具状人刘纪常		19480400	19480400	4	四川新津县司法处	答辩状	95—98	
四川省大邑县法院民事案件	002—003—0022—0041	002	003	1948	0022	0041	刘纪常缴纳缮状费代用司法印纸联单		四川新津县司法处	19480413	19480413	1		印纸联单	99—99	
四川省大邑县法院民事案件	002—003—0022—0042	002	003	1948	0022	0042	传票送达证书		四川新津县司法处	19480327	19480327	2		送达证书	100—101	
四川省大邑县法院民事案件	002—003—0022—0043	002	003	1948	0022	0043	萧毓蕃、刘纪常司法处民庭点名单	傅文华	四川新津县司法处民庭	19480424	19480424	1		点名单	102—102	
四川省大邑县法院民事案件	002—003—0022—0044	002	003	1948	0022	0044	审讯笔录	审判长张维卿	四川新津县司法处	19480424	19480424	3		笔录	103—105	
四川省大邑县法院民事案件	002—003—0022—0045	002	003	1948	0022	0045	萧毓蕃、刘纪常返还白米案宣判笔录	审判长张维卿	四川新津县司法处	19480427	19480427	1		笔录	106—106	
四川省大邑县法院民事案件	002—003—0022—0046	002	003	1948	0022	0046	萧毓蕃、刘纪常民事判决	审判长张维卿	四川新津县司法处	19480427	19480427	2		判决书	107—108	
四川省大邑县法院民事案件	002—003—0023—0001	002	003	1948	0023	0001	四川大邑县法院范玉铭诉王德成债务案件第一审民事诉讼卷宗		四川大邑县法院	19480000	19480000	2		封面	1—2	
四川省大邑县法院民事案件	002—003—0023—0002	002	003	1948	0023	0002	范玉铭第三审民事上诉状	具状人范玉铭		19490705	19470705	6		上诉状	3—8	
四川省大邑县法院民事案件	002—003—0023—0003	002	003	1948	0023	0003	范玉铭诉王德成案卷宗证据目录		四川高等法院	19480000	19480000	2		目录	9—10	
四川省大邑县法院民事案件	002—003—0023—0004	002	003	1948	0023	0004	新津县警察局为函送王德成、范陈氏二名请予依法办理公函		四川新津县警察局	19480930	19480930	2	四川新津县司法处	公函	11—12	津警二字第121号

全宗名称	档号	全宗号	目录号	年度	案卷号	顺序号	文件题名	责任人	责任者	起始时间	终止时间	页数	受文者	文种	起止页码	文号
四川省大邑县法院民事案件	002—003—0023—0005	002	003	1948	0023	0005	新津县司法处押票回证		四川新津县司法处	19481001	19481001	1		回证	13—13	
四川省大邑县法院民事案件	002—003—0023—0006	002	003	1948	0023	0006	王德成民事诉状	具状人王德成		19481001	19481001	4	四川新津县司法处民事庭	诉状	14—17	
四川省大邑县法院民事案件	002—003—0023—0007	002	003	1948	0023	0007	新津县司法处王德成缴纳缮状费代用司法印纸联单		四川新津县司法处	19481002	19481002	2		收据	18—19	缮字第508号
四川省大邑县法院民事案件	002—003—0023—0008	002	003	1948	0023	0008	王德成民事答辩状	具状人王德成		19481001	19481001	3	四川新津县司法处民事庭	答辩状	20—22	
四川省大邑县法院民事案件	002—003—0023—0009	002	003	1948	0023	0009	新津县司法处王德成缴纳缮状费代用司法印纸联单		四川新津县司法处	19481002	19481002	1		收据	23—23	
四川省大邑县法院民事案件	002—003—0023—0010	002	003	1948	0023	0010	范玉铭民事答辩状	具状人范玉铭		19481021	19481021	3	四川新津县司法处民事庭	诉状	24—26	
四川省大邑县法院民事案件	002—003—0023—0011	002	003	1948	0023	0011	新津县司法处范玉铭缴纳缮状费代用司法印纸联单		四川新津县司法处	19481021	19481021	1		收据	27—27	缮字第642号
四川省大邑县法院民事案件	002—003—0023—0012	002	003	1948	0023	0012	四川新津县司法处王德成、范玉铭民事案件审理单		四川新津县司法处	19481016	19481016	1		审理单	28—28	

全宗名称	档号	全宗号	目录号	年度	案卷号	顺序号	文件题名	责任人	责任者	起始时间	终止时间	页数	受文者	文种	起止页码	文号
四川省大邑县法院民事案件	002—003—0023—0013	002	003	1948	0023	0013	四川新津县司法处范玉铭、王德成传票送达证书		四川新津县司法处	19481015	19481015	2		送达证书	29—30	诉字第106号
四川省大邑县法院民事案件	002—003—0023—0014	002	003	1948	0023	0014	四川新津县司法处王德成、范玉铭民事点名单		四川新津县司法处	19481026	19481026	1		点名单	31—31	
四川省大邑县法院民事案件	002—003—0023—0015	002	003	1948	0023	0015	四川新津县司法处王德成、范玉铭民事案件庭审笔录		四川新津县司法处	19481026	19481026	3		笔录	32—34	
四川省大邑县法院民事案件	002—003—0023—0016	002	003	1948	0023	0016	王德成诉范玉铭民事案件审判笔录		四川新津县司法处	19481026	19481026	1		笔录	35—35	
四川省大邑县法院民事案件	002—003—0023—0017	002	003	1948	0023	0017	新津县司法处王德成诉范玉铭给付白米案民事判决书		四川新津县司法处	19481026	19481026	2		判决书	36—37	
四川省大邑县法院民事案件	002—003—0023—0018	002	003	1948	0023	0018	彭光年为范陈氏具担保书	具状人彭光年		19481026	19481026	2		担保书	38—39	
四川省大邑县法院民事案件	002—003—0023—0019	002	003	1948	0023	0019	四川新津县司法处彭光年缴纳具担保缮状费代用司法印纸联单		四川新津县司法处	19481026	19481026	1		收据	40—40	
四川省大邑县法院民事案件	002—003—0023—0020	002	003	1948	0023	0020	四川新津县司法处押票回证		四川新津县司法处	19480000	19480000	1		回证	41—41	
四川省大邑县法院民事案件	002—003—0023—0021	002	003	1948	0023	0021	新津县司法处传票送达证书		四川新津县司法处	19480000	19480000	3		送达回证	42—44	

全宗名称	档号	全宗号	目录号	年度	案卷号	顺序号	文件题名	责任人	责任者	起始时间	终止时间	页数	受文者	文种	起止页码	文号
四川省大邑县法院民事案件	002—003—0024—0001	002	003	1948	0024	0001	四川高等法院刘氏宗祠确认财产有效及返还捐产事件民事判决	审判长推事余其贞	四川高等法院	19481015	1941015	2		判决书	1—2	
四川省大邑县法院民事案件	002—003—0024—0002	002	003	1948	0024	0002	四川高等法院关于函请送达刘氏宗祠判决书公函		四川高等法院	19481120	19481120	1	四川新津县司法处	公函	3—3	
四川省大邑县法院民事案件	002—003—0024—0003	002	003	1948	0024	0003	四川新津县司法处既已送达判决文书并签收送达回证的公函		四川新津县司法处	19481203	19481203	1	四川高等法院	公函	4—4	民字第58号
四川省大邑县法院民事案件	002—003—0024—0004	002	003	1948	0024	0004	新津县司法处关于刘氏宗祠案判决书送达证书		四川新津县司法处	19481018	19481018	2		送达证书	5—6	
四川省大邑县法院民事案件	002—003—0024—0005	002	003	1948	0024	0005	新津县司法处刘氏宗祠产权案件登记表		四川新津县司法处	19480000	19480000	1		登记表	7—7	
四川省大邑县法院民事案件	002—003—0024—0006	002	003	1948	0024	0006	新津县司法处刘氏宗祠产权案件卷卷宗目录		四川新津县司法处	19480000	19480000	2		目录	8—9	
四川省大邑县法院民事案件	002—003—0024—0007	002	003	1948	0024	0007	四川新津县司法处为呈送声请刘志仁等上诉卷件祈查收核办由		四川新津县司法处	19480909	19480909	1	四川高等法院院长	呈	10—10	诉字第162号
四川省大邑县法院民事案件	002—003—0024—0008	002	003	1948	0024	0008	刘志仁、刘青云民事声请书	具状人刘志仁、刘青云		19480810	19480810	2	四川新津县司法处	声请书	11—12	
四川省大邑县法院民事案件	002—003—0024—0009	002	003	1948	0024	0009	新津县司法处刘志仁上诉状缴纳缮状费代用司法印纸联单		四川新津县司法处	19480810	19480810	1		收据	13—13	缮字第226号

全宗名称	档号	全宗号	目录号	年度	案卷号	顺序号	文件题名	责任人	责任者	起始时间	终止时间	页数	受文者	文种	起止页码	文号
四川省大邑县法院民事案件	002—003—0024—0010	002	003	1948	0024	0010	四川新津县司法处民事裁定		四川新津县司法处	19480708	19480708	1		裁定书	14—14	
四川省大邑县法院民事案件	002—003—0024—0011	002	003	1948	0024	0011	新津县司法处刘志仁、刘功荣上诉状副本送达证书		四川新津县司法处	19480811	19480811	2		送达证书	15—16	
四川省大邑县法院民事案件	002—003—0024—0012	002	003	1948	0024	0012	刘志仁、刘青云民事缴状	具状人刘志仁、刘青云		19480800	19480800	4	四川新津县司法处	缴状	17—20	
四川省大邑县法院民事案件	002—003—0024—0013	002	003	1948	0024	0013	新津县司法处关于刘氏宗祠确认捐产民事案件审理单		四川新津县司法处	19480922	19480922	1		审理单	21—21	
四川省大邑县法院民事案件	002—003—0024—0014	002	003	1948	0024	0014	四川高等法院民事第三庭函请新津县司法处填发传票并相应签收送达证书的公函		四川高等法院	19481001	19481001	1	四川新津县司法处	公函	22—22	字 第1131号
四川省大邑县法院民事案件	002—003—0024—0015	002	003	1948	0024	0015	新津县司法处关于既已送达传票并相应签收送达证书的公函		四川新津县司法处	19481014	19481014	1	四川高等法院	公函	23—23	甲字第184号
四川省大邑县法院民事案件	002—003—0024—0016	002	003	1948	0024	0016	刘功荣等人传票的送达回证		四川新津县司法处	19480923	19480923	3		送达证书	24—26	
四川省大邑县法院民事案件	002—003—0024—0017	002	003	1948	0024	0017	刘功荣、刘易东民事答辩状	具状人刘功荣、刘易东		19481016	19481016	4	四川高等法院	答辩状	27—30	
四川省大邑县法院民事案件	002—003—0024—0018	002	003	1948	0024	0018	刘志仁、刘青云民事上诉状	具状人刘志仁、刘青云		19481026	19481026	3	四川高等法院民二庭	上诉状	31—33	

全宗名称	档号	全宗号	目录号	年度	案卷号	顺序号	文件题名	责任人	责任者	起始时间	终止时间	页数	受文者	文种	起止页码	文号
四川省大邑县法院民事案件	002—003—0024—0019	002	003	1948	0024	0019	刘志仁、刘青云委任黄泽轩为代理人的民事委任状	具状人刘志仁、刘青云		19480000	19480000	1		委任状	34—34	
四川省大邑县法院民事案件	002—003—0024—0020	002	003	1948	0024	0020	四川高等法院刘氏宗祠案件民事点名单		四川高等法院	19480000	19480000	3		点名单	35—37	
四川省大邑县法院民事案件	002—003—0024—0021	002	003	1948	0024	0021	四川高等法院刘氏宗祠案件言词辩论笔录		四川高等法院	19481021	19481021	7		笔录	38—44	
四川省大邑县法院民事案件	002—003—0024—0022	002	003	1948	0024	0022	四川高等法院刘氏宗祠案件宣示判决笔录		四川高等法院	19481025	19481025	1		笔录	45—45	
四川省大邑县法院民事案件	002—003—0024—0023	002	003	1948	0024	0023	刘氏宗祠捐产民事案件上诉状			19480000	19480000	2	四川高等法院	上诉状	46—47	
四川省大邑县法院民事案件	002—003—0024—0024	002	003	1948	0024	0024	四川高等法院刘志仁诉周裕丰确认捐产有效民事卷宗封面		四川高等法院	19480000	19480000	1		封面	48—48	
四川省大邑县法院民事案件	002—003—0025—0001	002	003	1948	0025	0001	四川高等法院王华斋、刘俸璋返还白米案件民事诉讼卷宗封面		四川省等法院	19480000	19480000	2		封面	1—2	
四川省大邑县法院民事案件	002—003—0025—0002	002	003	1948	0025	0002	刘俸璋民事起诉书	具状人刘俸璋		19480600	19480600	3		起诉书	3—5	
四川省大邑县法院民事案件	002—003—0025—0003	002	003	1948	0025	0003	刘俸璋缴纳缮状费代用司法印纸联单		四川新津县司法处	19480605	19480605	3		印纸联单	6—8	

全宗名称	档号	全宗号	目录号	年度	案卷号	顺序号	文件题名	责任人	责任者	起始时间	终止时间	页数	受文者	文种	起止页码	文号
四川省大邑县法院民事案件	002—003—0025—0004	002	003	1948	0025	0004	王华齐民事答辩状	具状人王华齐		19480600	19480600	4	四川新津县司法处	答辩状	9—12	
四川省大邑县法院民事案件	002—003—0025—0005	002	003	1948	0025	0005	王华齐缴纳缮状费代用司法印纸联单		四川新津县司法处	19481008	19481008	1		印纸联单	13—13	
四川省大邑县法院民事案件	002—003—0025—0006	002	003	1948	0025	0006	传票送达证书		四川新津县司法处	19480616	19480616	4		送达证书	14—17	
四川省大邑县法院民事案件	002—003—0025—0007	002	003	1948	0025	0007	新津县司法处民庭点名单		四川新津县司法处	19480627	19480627	1		点名单	18—18	
四川省大邑县法院民事案件	002—003—0025—0008	002	003	1948	0025	0008	刘俸璋返还白米案审讯笔录		四川新津县司法处	19480623	19480623	4		笔录	19—22	
四川省大邑县法院民事案件	002—003—0025—0009	002	003	1948	0025	0009	王华齐民事申请书	具状人王华齐		19480622	19480622	3	四川新津县司法处	声请	23—25	
四川省大邑县法院民事案件	002—003—0025—0010	002	003	1948	0025	0010	王华齐缴纳缮状费代用司法印纸联单		四川新津县司法处	19480623	19480623	1		印纸联单	26—26	
四川省大邑县法院民事案件	002—003—0025—0011	002	003	1948	0025	0011	刘俸璋、王华齐返还白米案宣判笔录		四川新津县司法处	19480629	19480629	1		笔录	27—27	
四川省大邑县法院民事案件	002—003—0025—0012	002	003	1948	0025	0012	新津县中兴乡公所为呈报调解刘俸璋与王华齐债米纠纷情形肯予察核备查由		四川新津县中兴乡乡公所	19480625	19480625	2	四川新津县司法处	呈	28—29	
四川省大邑县法院民事案件	002—003—0025—0013	002	003	1948	0025	0013	新津县司法处民事判决书		四川新津县司法处	19480624	19480624	2		判决书	30—31	
四川省大邑县法院民事案件	002—003—0025—0014	002	003	1948	0025	0014	判决书送达证书		四川新津县司法处	19480702	19480702	2		送达证书	32—33	

全宗名称	档号	全宗号	目录号	年度	案卷号	顺序号	文件题名	责任人	责任者	起始时间	终止时间	页数	受文者	文种	起止页码	文号
四川省大邑县法院民事案件	002—003—0025—0015	002	003	1948	0025	0015	王华齐不服判决上诉状	具状人王华齐		19480700	19480700	3		上诉状	34—36	
四川省大邑县法院民事案件	002—003—0025—0016	002	003	1948	0025	0016	王华齐缴纳缮状费代用司法印纸联单		四川新津县司法处	19480710	19480710	1		印纸联单	37—37	缮字第84240号
四川省大邑县法院民事案件	002—003—0025—0017	002	003	1948	0025	0017	四川新津县司法处民事裁定		四川新津县司法处	19480700	19480700	1		裁定书	38—38	
四川省大邑县法院民事案件	002—003—0025—0018	002	003	1948	0025	0018	上诉状、裁定书送达证书		四川新津县司法处	19480700	19480700	2		送达证书	39—40	
四川省大邑县法院民事案件	002—003—0025—0019	002	003	1948	0025	0019	王华齐民事缴状	具状人王华齐		19480810	19480810	5		缴状	41—45	
四川省大邑县法院民事案件	002—003—0025—0020	002	003	1948	0025	0020	关于王华齐缴纳诉讼费的公函		四川高等法院	19480814	19480814	1	四川新津县司法处	公函	46—46	
四川省大邑县法院民事案件	002—003—0025—0021	002	003	1948	0025	0021	四川高等法院训令饬即检送王华齐与刘俸璋因求偿白米一案上诉卷证由		四川高等法院	19480920	19480920	2	四川新津县司法处	训令	47—48	仁字第6133号
四川省大邑县法院民事案件	002—003—0025—0022	002	003	1948	0025	0022	王华齐委任律师委任状	具状人王华齐		19481000	19481000	2	四川高等法院民事庭	委任状	49—50	
四川省大邑县法院民事案件	002—003—0025—0023	002	003	1948	0025	0023	刘俸璋等人返还白米案审理单		四川高等法院	19481023	19481023	1		审理单	51—51	
四川省大邑县法院民事案件	002—003—0025—0024	002	003	1948	0025	0024	四川高等法院第一庭公函		四川高等法院	19481029	19481029	1	四川新津县司法处	公函	52—52	智字第12597号
四川省大邑县法院民事案件	002—003—0025—0025	002	003	1948	0025	0025	刘俸璋民事委任状	具状人刘俸璋		19481111	19481111	2	四川高等法院民一庭	委任状	53—54	

全宗名称	档号	全宗号	目录号	年度	案卷号	顺序号	文件题名	责任人	责任者	起始时间	终止时间	页数	受文者	文种	起止页码	文号
四川省大邑县法院民事案件	002—003—0025—0026	002	003	1948	0025	0026	王华齐上诉状	具状人王华齐		19481119	19481119	4	四川高等法院	上诉状	55—58	
四川省大邑县法院民事案件	002—003—0025—0027	002	003	1948	0025	0027	四川高等法院民一庭点名单		四川高等法院	19480000	19480000	1		点名单	59—59	
四川省大邑县法院民事案件	002—003—0025—0028	002	003	1948	0025	0028	四川高等法院庭审笔录	审判长金镛	四川高等法院	19481106	19481106	9		笔录	60—68	
四川省大邑县法院民事案件	002—003—0025—0029	002	003	1948	0025	0029	传票送达证书		四川高等法院	19481023	19481023	3		送达证书	69—71	
四川省大邑县法院民事案件	002—003—0025—0030	002	003	1948	0025	0030	宣示判决笔录	审判员金镛	四川高等法院	19481124	19481124	1		笔录	72—72	
四川省大邑县法院民事案件	002—003—0025—0031	002	003	1948	0025	0031	刘俸璋、王华齐返还白米上诉案判决书	审判长金镛	四川高等法院	19481200	19481200	2		判决书	73—74	
四川省大邑县法院民事案件	002—004—0001—0001	002	004	1949	0001	0001	四川高等法院刘志仁诉刘功荣确认捐产有效民事诉讼卷宗封面		四川高等法院	19490000	19490000	1		封面	1—1	
四川省大邑县法院民事案件	002—004—0001—0002	002	004	1949	0001	0002	四川高等法院刘志仁诉刘功荣确认捐产有效案件登记表		四川高等法院	19480627	19490627	1		表	2—2	
四川省大邑县法院民事案件	002—004—0001—0003	002	004	1949	0001	0003	四川高等法院民事第三庭关于函请最高法院缴纳刘志仁诉周裕丰裁判费并检送卷证的公函		四川高等法院	19490627	19490627	1	最高法院书记厅	公函	3—3	民利字第4731号
四川省大邑县法院民事案件	002—004—0001—0004	002	004	1949	0001	0004	四川高等法院刘志仁确认捐产有效案件卷证标目		四川高等法院	19490000	19490000	2		目录	4—5	

全宗名称	档号	全宗号	目录号	年度	案卷号	顺序号	文件题名	责任人	责任者	起始时间	终止时间	页数	受文者	文种	起止页码	文号
四川省大邑县法院民事案件	002—004—0001—0005	002	004	1949	0001	0005	刘氏宗祠上诉状	具状人刘氏宗祠、刘志仁、刘青云		19490000	19490000	5	四川高等法院	上诉状	6—10	
四川省大邑县法院民事案件	002—004—0001—0006	002	004	1949	0001	0006	四川高等法院刘志仁、刘青云上诉案件民事裁定		四川高等法院	19490402	19490402	1		裁定	11—11	上字第292号
四川省大邑县法院民事案件	002—004—0001—0007	002	004	1949	0001	0007	四川高等法院函请新津县司法处派员送达裁定书副状并签收送达证书		四川高等法院	19490411	19490411	1	四川新津县司法处	送达证书	12—12	民利字第3514号
四川省大邑县法院民事案件	002—004—0001—0008	002	004	1949	0001	0008	四川新津县司法处关于既已送达裁定书副本并相应前签收送达证书的公函		四川新津县司法处	19490502	19490502	1	四川高等法院	公函	13—13	诉字第28号
四川省大邑县法院民事案件	002—004—0001—0009	002	004	1949	0001	0009	刘功荣、刘青云等人裁定书副本送达证书		四川新津县司法处	19490408	19490408	2		送达证书	14—15	
四川省大邑县法院民事案件	002—004—0001—0010	002	004	1949	0001	0010	新津县司法处刘志荣上诉案证据材料及证据目录		四川新津县司法处	19490000	19490000	5		证据	16—20	
四川省大邑县法院民事案件	002—004—0002—0001	002	004	1949	0002	0001	四川大邑县人民法院杨双发诉杨王氏返还水田民事诉讼卷宗封面		四川新津县司法处	19490000	19490000	4		民事卷宗	1—4	
四川省大邑县法院民事案件	002—004—0002—0002	002	004	1949	0002	0002	杨双发诉杨王氏返还水田民事卷宗目录		四川新津县司法处	19490000	19490000	2		目录	5—6	

全宗名称	档号	全宗号	目录号	年度	案卷号	顺序号	文件题名	责任人	责任者	起始时间	终止时间	页数	受文者	文种	起止页码	文号
四川省大邑县法院民事案件	002—004—0002—0003	002	004	1949	0002	0003	四川新津县司法处呈		四川新津县司法处	19490302	19490302	1		呈	7—7	
四川省大邑县法院民事案件	002—004—0002—0004	002	004	1949	0002	0004	杨双发民事声请	具状人杨双发		19490301	19490301	5		声请	8—12	
四川省大邑县法院民事案件	002—004—0002—0005	002	004	1949	0002	0005	杨双发缴纳缮状费代用司法印纸联单		四川新津县司法处	19490301	19490301	1		印纸联单	13—13	
四川省大邑县法院民事案件	002—004—0002—0006	002	004	1949	0002	0006	四川新津县司法处关于杨双发上诉裁定		四川新津县司法处	19490301	19490301	1		裁定	14—14	
四川省大邑县法院民事案件	002—004—0002—0007	002	004	1949	0002	0007	裁定书副本送达证书		四川新津县司法处	19490301	19490301	2		送达证书	15—16	
四川省大邑县法院民事案件	002—004—0002—0008	002	004	1949	0002	0008	杨双发民事缴状	具状人杨双发		19490314	19490314	5		缴状	17—21	
四川省大邑县法院民事案件	002—004—0002—0009	002	004	1949	0002	0009	杨双发民事上诉状	具状人杨双发		19490314	19490314	4	四川高等法院	诉状	22—26	
四川省大邑县法院民事案件	002—004—0002—0010	002	004	1949	0002	0010	四川高等法院民事案件审理单		四川高等法院	19490323	19490323	1		审理单	27—27	
四川省大邑县法院民事案件	002—004—0002—0011	002	004	1949	0002	0011	四川高等法院民事第二庭公函		四川高等法院	19490328	19490328	1	四川新津县司法处	公函	28—28	民审字第2803号
四川省大邑县法院民事案件	002—004—0002—0012	002	004	1949	0002	0012	杨王氏民事答辩状	具状人杨王氏		19490430	19490430	5	四川高等法院	答辩状	29—33	
四川省大邑县法院民事案件	002—004—0002—0013	002	004	1949	0002	0013	杨双发民事上诉状	具状人杨双发		19490430	19490430	5	四川高等法院	答辩状	34—38	
四川省大邑县法院民事案件	002—004—0002—0014	002	004	1949	0002	0014	杨双发民事声请	具状人杨双发		19490430	19490430	5	四川高等法院	声请书	39—43	
四川省大邑县法院民事案件	002—004—0002—0015	002	004	1949	0002	0015	杨双发上诉案民事言辞辩论笔录		四川高等法院	19490430	19490430	7		笔录	44—50	

全宗名称	档号	全宗号	目录号	年度	案卷号	顺序号	文件题名	责任人	责任者	起始时间	终止时间	页数	受文者	文种	起止页码	文号
四川省大邑县法院民事案件	002—004—0002—0016	002	004	1949	0002	0016	宣示判决笔录	审判长王	四川高等法院	19490505	19490505	2		笔录	51—52	
四川省大邑县法院民事案件	002—004—0002—0017	002	004	1949	0002	0017	四川新津县司法处为函复代传杨双发等送证落水情形由		四川新津县司法处	19490426	19490426	1	四川高等法院	函	53—53	
四川省大邑县法院民事案件	002—004—0002—0018	002	004	1949	0002	0018	关于送证落实情况的报告		四川新津县司法处法警室	19490416	19490416	1	四川高等法院民庭	报告	54—54	
四川省大邑县法院民事案件	002—004—0002—0019	002	004	1949	0002	0019	高等法院民事判决书	审判长王敬信	四川高等法院	19490505	19490505	3		判决书	55—57	
四川省大邑县法院民事案件	002—004—0002—0020	002	004	1949	0002	0020	四川高等法院民事第二庭公函稿		四川高等法院民事第二庭	19490519	19490519	1	四川新津县司法处	公函	58—58	
四川省大邑县法院民事案件	002—004—0002—0021	002	004	1949	0002	0021	四川新津县司法处公函		四川新津县司法处	19490607	19490607	1	四川高等法院	公函	59—59	民字第68号
四川省大邑县法院民事案件	002—004—0002—0022	002	004	1949	0002	0022	判决书副本送达证书		四川高等法院	19490530	19490530	4		送达证书	60—63	
四川省大邑县法院民事案件	002—004—0002—0023	002	004	1949	0002	0023	卷宗封底		四川高等法院	19490000	19490000	2		封底	64—65	
四川省大邑县法院民事案件	002—004—0003—0001	002	004	1949	0003	0001	四川大邑县人民法院沈质宾诉杨志和返还房屋民事诉讼卷宗封面		四川省邑县人民法院	19490000	19490000	2		民事卷宗	1—2	
四川省大邑县法院民事案件	002—004—0003—0002	002	004	1949	0003	0002	卷证标目		四川大邑县人民法院	19490000	19490000	6		标目	3—8	
四川省大邑县法院民事案件	002—004—0003—0003	002	004	1949	0003	0003	沈质彬民事上诉状	具状人沈质彬		19490510	19490510	4	四川高等法院	上诉状	9—12	

全宗名称	档号	全宗号	目录号	年度	案卷号	顺序号	文件题名	责任人	责任者	起始时间	终止时间	页数	受文者	文种	起止页码	文号
四川省大邑县法院民事案件	002—004—0003—0004	002	004	1949	0003	0004	四川高等法院关于上诉民事裁定		四川高等法院	19480529	19480925	1		裁定书	13—13	
四川省大邑县法院民事案件	002—004—0003—0005	002	004	1949	0003	0005	四川高等法院裁定书副本送达证书		四川高等法院	19490529	19480529	2		送达证书	14—15	
四川省大邑县法院民事案件	002—004—0003—0006	002	004	1949	0003	0006	杨孟和民事答辩状	具状人杨孟和		19480621	19480621	8	四川高等法院	答辩状	16—23	
四川省大邑县法院民事案件	002—004—0003—0007	002	004	1949	0003	0007	沈质彬民事追加理由诉状	具状人沈质彬		19490629	19490629	17	最高法院民事庭	诉状	24—40	
四川省大邑县法院民事案件	002—004—0003—0008	002	004	1949	0003	0008	沈质彬民事缴状	具状人沈质彬		19480629	19480629	5	最高法院民事庭	民事缴状	41—45	
四川省大邑县法院民事案件	002—004—0003—0009	002	004	1949	0003	0009	最高法院缴纳裁判费代用司法印纸联单		最高法院	19490702	19490702	1		印纸联单	46—46	
四川省大邑县法院民事案件	002—004—0003—0010	002	004	1949	0003	0010	杨茂河民事答辩状	具状人杨茂河		19480722	19480722	4	最高法院	答辩状	47—50	
四川省大邑县法院民事案件	002—004—0003—0011	002	004	1949	0003	0011	卷宗封底		最高法院	19480000	19480000	3		封底	51—53	
四川省大邑县法院民事案件	002—004—0004—0001	002	004	1949	0004	0001	四川高等法院张崇礼诉杨宋淑义确认所有权民事诉讼卷宗封面		四川高等法院	19490000	19490000	1		封面	1—1	
四川省大邑县法院民事案件	002—004—0004—0002	002	004	1949	0004	0002	四川高等法院张崇礼诉杨宋淑义确认所有权登记表		四川高等法院	19490622	19490622	1		登记表	2—2	

全宗名称	档号	全宗号	目录号	年度	案卷号	顺序号	文件题名	责任人	责任者	起始时间	终止时间	页数	受文者	文种	起止页码	文号
四川省大邑县法院民事案件	002—004—0004—0003	002	004	1949	0004	0003	四川高等法院民事第二庭上诉案件检送本案卷宗材料及裁定书的公函		四川高等法院	19490303	19490303	1	最高法院书记厅	公函	3—3	民定字第1856号
四川省大邑县法院民事案件	002—004—0004—0004	002	004	1949	0004	0004	四川高等法院张崇礼诉杨宋淑义案件证据目录		四川高等法院	19490000	19490000	2		目录	4—5	
四川省大邑县法院民事案件	002—004—0004—0005	002	004	1949	0004	0005	张崇礼上诉状	具状人张崇礼		19490126	19490126	4		上诉状	6—9	
四川省大邑县法院民事案件	002—004—0004—0006	002	004	1949	0004	0006	杨宋淑义民事声请书	具状人杨宋淑义		19490219	19490219	6	四川高等法院	民事声请	10—15	
四川省大邑县法院民事案件	002—004—0004—0007	002	004	1949	0004	0007	杨宋淑义民事声请书	具状人杨宋淑义		19490221	19490221	5	四川高等法院	民事声请	16—20	
四川省大邑县法院民事案件	002—004—0004—0008	002	004	1949	0004	0008	杨宋淑义民事声明书	具状人杨宋淑义		19490228	19490228	5	四川高等法院	民事声明书	21—25	
四川省大邑县法院民事案件	002—004—0004—0009	002	004	1949	0004	0009	四川高等法院关于张崇礼、杨宋淑义上诉案件的民事裁定		四川高等法院	19490207	19490207	2		裁定	26—27	
四川省大邑县法院民事案件	002—004—0004—0010	002	004	1949	0004	0010	张崇礼、杨宋淑义民事裁定书送达证书		四川高等法院	19490207	19490207	2		送达证书	28—29	
四川省大邑县法院民事案件	002—004—0005—0001	002	004	1949	0005	0001	四川高等法院杨赵氏诉杨徐氏执行异议民事诉讼卷宗封面		四川高等法院	19490000	19490000	1		封面	1—1	

全宗名称	档号	全宗号	目录号	年度	案卷号	顺序号	文件题名	责任人	责任者	起始时间	终止时间	页数	受文者	文种	起止页码	文号
四川省大邑县法院民事案件	002—004—0005—0002	002	004	1949	0005	0002	四川高等法院第二庭公函		四川高等法院	19490425	19490425	3	四川新津县司法处	公函	2—4	
四川省大邑县法院民事案件	002—004—0005—0003	002	004	1949	0005	0003	四川高等法院民事裁定		四川高等法院	19490419	19490419	2		裁定书	5—6	
四川省大邑县法院民事案件	002—004—0005—0004	002	004	1949	0005	0004	四川高等法院裁定书送达证书		四川高等法院	19490000	19490000	1		送达证书	7—7	
四川省大邑县法院民事案件	002—004—0005—0005	002	004	1949	0005	0005	四川新津县司法处公函		四川新津县司法处	19490507	19490507	1	四川高等法院	公函	8—8	民字第50号
四川省大邑县法院民事案件	002—004—0005—0006	002	004	1949	0005	0006	传票送达证书		四川新津县司法处	19490000	19490000	2		送达证书	9—10	
四川省大邑县法院民事案件	002—004—0005—0007	002	004	1949	0005	0007	卷宗目录		四川新津县司法处	19490000	19490000	1		目录	11—11	
四川省大邑县法院民事案件	002—004—0005—0008	002	004	1949	0005	0008	杨徐氏民事声请书	具状人杨徐氏		19471110	19471110	5	四川新津县司法处	声请书	12—16	
四川省大邑县法院民事案件	002—004—0005—0009	002	004	1949	0005	0009	缴纳缮状费司法印纸联单		四川新津县司法处	19471110	19471110	2		印纸联单	17—18	缮字第1289号
四川省大邑县法院民事案件	002—004—0005—0010	002	004	1949	0005	0010	四川新津县司法处关于杨赵氏债权债务案件支付命令	审判长张维卿	四川新津县司法处	19470000	19470000	1		命令	19—19	
四川省大邑县法院民事案件	002—004—0005—0011	002	004	1949	0005	0011	支付命令送达证书		四川新津县司法处	19471115	19471115	4		送达证书	20—23	
四川省大邑县法院民事案件	002—004—0005—0012	002	004	1949	0005	0012	杨徐氏民事声请书	具状人杨徐氏		19471208	19471208	4	四川新津县司法处	民事声请	24—27	
四川省大邑县法院民事案件	002—004—0005—0013	002	004	1949	0005	0013	缴纳缮状费司法印纸联单		四川新津县司法处	19471210	19471210	2		印纸联单	28—29	缮字第1437号

全宗名称	档号	全宗号	目录号	年度	案卷号	顺序号	文件题名	责任人	责任者	起始时间	终止时间	页数	受文者	文种	起止页码	文号
四川省大邑县法院民事案件	002—004—0005—0014	002	004	1949	0005	0014	杨徐氏山民事声请书	具状人杨徐氏		19480116	19480116	5	四川新津县司法处	声请书	30—34	
四川省大邑县法院民事案件	002—004—0005—0015	002	004	1949	0005	0015	杨徐氏缴纳缮状费代用司法印纸联单		四川新津县司法处	19480116	19480116	1		印纸联单	35—35	
四川省大邑县法院民事案件	002—004—0005—0016	002	004	1949	0005	0016	传票送达证书		四川新津县司法处	19480117	19480117	1		送达证书	36—37	
四川省大邑县法院民事案件	002—004—0005—0017	002	004	1949	0005	0017	四川新津县司法处民事点名单		四川新津县司法处	19480127	19480127	1		点名单	38—38	
四川省大邑县法院民事案件	002—004—0005—0018	002	004	1949	0005	0018	杨徐氏、杨赵氏讯问笔录		四川新津县司法处	19480127	19480127	2		笔录	39—40	
四川省大邑县法院民事案件	002—004—0005—0019	002	004	1949	0005	0019	杨徐氏、杨赵氏民事声请	具状人杨徐氏、杨赵氏		19480131	19480131	5	四川新津县司法处	声请书	41—45	
四川省大邑县法院民事案件	002—004—0005—0020	002	004	1949	0005	0020	四川新津县司法处民事裁定		四川新津县司法处	19480303	19480303	1		裁定	46—46	诉字第70号
四川省大邑县法院民事案件	002—004—0005—0021	002	004	1949	0005	0021	裁定书副本送达证书		四川新津县司法处	19480000	19480000	3		送达证书	47—49	
四川省大邑县法院民事案件	002—004—0005—0022	002	004	1949	0005	0022	杨徐氏民事声请书	具状人杨徐氏		19480318	19480318	5	四川新津县司法处	民事声请	50—54	
四川省大邑县法院民事案件	002—004—0005—0023	002	004	1949	0005	0023	四川新津县司法处布告		四川新津县司法处	19480400	19480400	1		布告	55—55	
四川省大邑县法院民事案件	002—004—0005—0024	002	004	1949	0005	0024	四川新津县司法书记室通知		四川新津县司法处书记室	19480400	19480400	1		通知	56—56	1383号

全宗名称	档号	全宗号	目录号	年度	案卷号	顺序号	文件题名	责任人	责任者	起始时间	终止时间	页数	受文者	文种	起止页码	文号
四川省大邑县法院民事案件	002—004—0005—0025	002	004	1949	0005	0025	四川新津县司法处为令派该员前往查附一案训令		四川新津县司法处	19480417	19480417	2		训令	57—58	
四川省大邑县法院民事案件	002—004—0005—0026	002	004	1949	0005	0026	关于执行欠款一案相关卷证的呈	主任审判官王		19480419	19480419	2	四川新津县司法处	呈	58—59	
四川省大邑县法院民事案件	002—004—0005—0027	002	004	1949	0005	0027	四川新津县司法处查封不动产笔录		四川新津县司法处	19480417	19480417	2		笔录	60—61	
四川省大邑县法院民事案件	002—004—0005—0028	002	004	1949	0005	0028	不动产鉴定书		四川新津县司法处	19480000	19480000	1		鉴定书	62—62	
四川省大邑县法院民事案件	002—004—0005—0029	002	004	1949	0005	0029	鉴定结文		四川新津县司法处	19480417	19480417	2		结文	63—64	
四川省大邑县法院民事案件	002—004—0005—0030	002	004	1949	0005	0030	杨惠予民事答辩状	具状人杨惠予		19480416	19480416	5	四川新津县司法处	答辩状	65—69	
四川省大邑县法院民事案件	002—004—0005—0031	002	004	1949	0005	0031	杨惠予缴纳缮状费代用司法印纸联单		四川新津县司法处	19480416	19480416	2		印纸联单	70—71	
四川省大邑县法院民事案件	002—004—0005—0032	002	004	1949	0005	0032	杨徐氏民事声请书	具状人杨徐氏		19480425	19480425	5	四川新津县司法处	声请书	72—76	
四川省大邑县法院民事案件	002—004—0005—0033	002	004	1949	0005	0033	杨徐氏等缴纳缮状费代用司法印纸联单		四川新津县司法处	19480427	19480427	2		印纸联单	77—78	
四川省大邑县法院民事案件	002—004—0005—0034	002	004	1949	0005	0034	杨徐氏撤销执行声请书	具状人杨徐氏		19480400	19480400	5	四川新津县司法处	声请书	79—83	

全宗名称	档号	全宗号	目录号	年度	案卷号	顺序号	文件题名	责任人	责任者	起始时间	终止时间	页数	受文者	文种	起止页码	文号
四川省大邑县法院民事案件	002—004—0005—0035	002	004	1949	0005	0035	杨徐氏缴纳缮状费代用司法印纸联单		四川新津县司法处	19480426	19480426	2		印纸联单	84—85	
四川省大邑县法院民事案件	002—004—0005—0036	002	004	1949	0005	0036	杨徐氏民事声请书	具状人杨徐氏		19480520	19480520	5	四川新津县司法处	声请书	86—90	
四川省大邑县法院民事案件	002—004—0005—0037	002	004	1949	0005	0037	杨徐氏缴纳缮状费代用司法印纸联单		四川新津县司法处	19480520	19480520	3		印纸联单	91—93	
四川省大邑县法院民事案件	002—004—0005—0038	002	004	1949	0005	0038	杨徐氏民事声请书	具状人杨徐氏		19480624	19480624	5	四川新津县司法处	声请书	94—98	
四川省大邑县法院民事案件	002—004—0005—0039	002	004	1949	0005	0039	杨徐氏缴纳缮状费代用司法印纸联单		四川新津县司法处	19480625	19480625	1		印纸联单	99—99	
四川省大邑县法院民事案件	002—004—0005—0040	002	004	1949	0005	0040	新津县司法处布告		四川新津县司法处	19480701	19480701	2		布告	100—101	
四川省大邑县法院民事案件	002—004—0005—0041	002	004	1949	0005	0041	杨徐氏声请书	具状人杨徐氏		19480819	19480819	5	四川新津县司法处	声请书	102—106	
四川省大邑县法院民事案件	002—004—0005—0042	002	004	1949	0005	0042	杨徐氏缴纳缮状费代用司法印纸联单		四川新津县司法处	19480809	19480809	1		印纸联单	107—107	
四川省大邑县法院民事案件	002—004—0005—0043	002	004	1949	0005	0043	新津县司法处布告		四川新津县司法处	19480814	19480814	3		布告	108—110	
四川省大邑县法院民事案件	002—004—0007—0001	002	004	1949	0006	0001	四川高等法院刘高梧诉周文志给付生活上诉案件诉讼卷宗封面		四川高等法院	19490000	19490000	1		封面	1—1	民上字第137号

全宗名称	档号	全宗号	目录号	年度	案卷号	顺序号	文件题名	责任人	责任者	起始时间	终止时间	页数	受文者	文种	起止页码	文号
四川省大邑县法院民事案件	002—004—0007—0002	002	004	1949	0006	0002	四川高等法院刘高梧诉周志文给付生活上诉案件登记表		四川高等法院	19490114	19490114	1		表	2—2	
四川省大邑县法院民事案件	002—004—0007—0003	002	004	1949	0006	0003	四川高等法院刘高梧诉周志文给付生活上诉卷宗目录		四川高等法院	19490000	19490000	2		目录	3—4	
四川省大邑县法院民事案件	002—004—0007—0004	002	004	1949	0006	0004	四川新津县司法处呈周志文上诉案件查收核办由		四川新津县司法处	19490411	19490411	1	四川高等法院	呈	5—5	民字第15号
四川省大邑县法院民事案件	002—004—0007—0005	002	004	1949	0006	0005	刘高梧声明不服上诉的民事声明书	具状人刘高梧		19490104	19490104	2	四川高等法院	声请书	6—7	
四川省大邑县法院民事案件	002—004—0007—0006	002	004	1949	0006	0006	新津县司法处刘高梧上诉缴纳缮状费代用司法印纸联单		四川新津县司法处	19490104	19490104	1		收据	8—8	
四川省大邑县法院民事案件	002—004—0007—0007	002	004	1949	0006	0007	四川新津县司法处关于刘高梧上诉事由民事裁定		四川新津县司法处	19490106	19490106	1		裁定书	9—9	
四川省大邑县法院民事案件	002—004—0007—0008	002	004	1949	0006	0008	新津县司法处周志文、刘高梧裁定书副本送达证书		四川新津县司法处	19490106	19490106	2		送达证书	10—11	诉字第86号
四川省大邑县法院民事案件	002—004—0007—0009	002	004	1949	0006	0009	刘高梧民事上诉状	具状人刘高梧		19490100	19490100	4	四川高等法院	上诉状	12—15	
四川省大邑县法院民事案件	002—004—0007—0010	002	004	1949	0006	0010	四川高等法院刘高梧诉周志文民事上诉案件审理单		四川高等法院	19490210	19490210	1		审理单	16—16	

全宗名称	档号	全宗号	目录号	年度	案卷号	顺序号	文件题名	责任人	责任者	起始时间	终止时间	页数	受文者	文种	起止页码	文号
四川省大邑县法院民事案件	002—004—0007—0011	002	004	1949	0006	0011	四川高等法院民事第二庭关于函请新津县司法处派员送达传票并签收送达证书的公函		四川高等法院	19490214	19490214	1	四川新津县司法处	公函	17—17	民寅字第1315号
四川省大邑县法院民事案件	002—004—0007—0012	002	004	1949	0006	0012	四川新津县司法处关于既已送达传票并签收送达证书的公函		四川新津县司法处	19490227	19490227	1	四川高等法院	公函	18—18	民字第51号
四川省大邑县法院民事案件	002—004—0007—0013	002	004	1949	0006	0013	周文志、刘高梧传票送达证书		四川新津县司法处	19490212	19490212	2	四川新津县司法处	送达证书	19—20	
四川省大邑县法院民事案件	002—004—0007—0014	002	004	1949	0006	0014	周文志民事声请书	具状人周文志		19490303	19490303	3	四川高等法院	声请书	21—23	
四川省大邑县法院民事案件	002—004—0007—0015	002	004	1949	0006	0015	四川高等法院刘高梧、周文志上诉案民事点名单		四川高等法院民二庭	19490317	19490317	1	四川高等法院	点名单	24—24	
四川省大邑县法院民事案件	002—004—0007—0016	002	004	1949	0006	0016	四川高等法院刘高梧、周志文上诉案庭审笔录		四川高等法院	19490317	19490317	4		笔录	25—28	
四川省大邑县法院民事案件	002—004—0007—0017	002	004	1949	0006	0017	刘高梧诉周志文给付生活费上诉案四川高等法院宣示判决笔录		四川高等法院	19490323	19490323	1		笔录	29—29	
四川省大邑县法院民事案件	002—004—0007—0018	002	004	1949	0006	0018	四川高等法院刘高梧诉周志文给付生活费上诉案件判决书	书记官刘永勤	四川高等法院	19490321	19490321	2		判决书	30—31	

全宗名称	档号	全宗号	目录号	年度	案卷号	顺序号	文件题名	责任人	责任者	起始时间	终止时间	页数	受文者	文种	起止页码	文号
四川省大邑县法院民事案件	002—004—0007—0019	002	004	1949	0006	0019	四川高等法院民事十二庭函请新津县司法处送达刘高梧一案民事判决书正本并相应签收送达证书的公函		四川高等法院	19490406	19490406	1	四川新津县司法处	公函	32—32	民寅字第326号
四川省大邑县法院民事案件	002—004—0007—0020	002	004	1949	0006	0020	四川新津县司法处既已送达判决书并相应签收送达证书的公函		四川新津县司法处	19490426	19490426	1	四川高等法院	公函	33—33	民字第88号
四川省大邑县法院民事案件	002—004—0007—0021	002	004	1949	0006	0021	刘高梧、周志文判决书正本送达证书		四川新津县司法处	19490405	19490405	3		送达证书	34—36	
四川省大邑县法院民事案件	002—004—0007—0022	002	004	1949	0006	0022	四川高等法院法院文卷保存期限规程摘录		四川高等法院	19490000	19490000	1		法规摘录	37—37	
四川省大邑县法院民事案件	002—004—0009—0001	002	004	1949	0007	0001	四川高等法院彭锡三诉彭禹之排除侵害民事诉讼卷宗封面		四川高等法院	19490000	19490000	1		封面	1—1	
四川省大邑县法院民事案件	002—004—0009—0002	002	004	1949	0007	0002	四川高等法院彭锡三诉彭禹之排除侵害上诉案件卷宗登记表		四川高等法院	19490112	19490112	1		表	2—2	
四川省大邑县法院民事案件	002—004—0009—0003	002	004	1949	0007	0003	四川高等法院彭锡三诉彭禹之排除侵害案件卷宗目录		四川高等法院	19490000	19490000	2		目录	3—4	

全宗名称	档号	全宗号	目录号	年度	案卷号	顺序号	文件题名	责任人	责任者	起始时间	终止时间	页数	受文者	文种	起止页码	文号
四川省大邑县法院民事案件	002—004—0009—0004	002	004	1949	0007	0004	四川新津县司法处为呈送彭锡三等上诉卷宗查收核办由		四川新津县司法处	19490111	19490111	1	四川高等法院	呈	5—5	
四川省大邑县法院民事案件	002—004—0009—0005	002	004	1949	0007	0005	彭锡三等人上诉状	具状人彭锡三等人		19490000	19490000	1	四川高等法院	上诉状	6—6	
四川省大邑县法院民事案件	002—004—0009—0006	002	004	1949	0007	0006	四川高等法院彭锡三诉彭禹之排除侵害庭审笔录		四川高等法院	19490409	19490409	2		笔录	7—8	
四川省大邑县法院民事案件	002—004—0009—0007	002	004	1949	0007	0007	四川高等法院彭锡三诉彭禹之上诉案件宣示判决笔录		四川高等法院	19490410	19490410	1		笔录	9—9	
四川省大邑县法院民事案件	002—004—0009—0008	002	004	1949	0007	0008	彭锡三、彭林氏等人上诉状	具状人彭锡三、彭林氏等人		19490300	19490300	2		上诉状	10—11	
四川省大邑县法院民事案件	002—004—0009—0009	002	004	1949	0007	0009	四川高等法院彭锡三诉彭禹之排除侵害上诉案件民事判决书	审判长王敬信	四川高等法院	19490415	19490415	1		判决书	12—12	上字第141号
四川省大邑县法院民事案件	002—004—0009—0010	002	004	1949	0007	0010	四川新津县司法处关于送达判决书并相应签收送达证书的公函		四川新津县司法处	19490507	19490507	1	四川高等法院民事庭	公函	13—13	民字第62号

全宗名称	档号	全宗号	目录号	年度	案卷号	顺序号	文件题名	责任人	责任者	起始时间	终止时间	页数	受文者	文种	起止页码	文号
四川省大邑县法院民事案件	002—004—0009—0011	002	004	1949	0007	0011	四川高等法院关于函请新津县司法处送达彭锡三、彭禹之判决书并相应签收送达证书的公函		四川高等法院	19490412	19490412	1	四川新津县司法处	公函	14—14	民丑字第3977号
四川省大邑县法院民事案件	002—004—0009—0012	002	004	1949	0007	0012	四川高等法院彭锡三、彭禹之判决书送达证书		四川高等法院	19490422	19490422	2		送达证书	15—16	
四川省大邑县法院民事案件	002—004—0009—0013	002	004	1949	0007	0013	四川高等法院函送上诉状及相应检送本案卷证的公函		四川高等法院	19490811	19490811	1	最高法院	公函	17—17	民字第7922号
四川省大邑县法院民事案件	002—004—0009—0014	002	004	1949	0007	0014	彭禹之上诉状	具状人彭禹之		19490515	19490515	2	四川高等法院	上诉状	18—19	
四川省大邑县法院民事案件	002—004—0009—0015	002	004	1949	0007	0015	四川高等法院关于彭禹之上诉案件民事裁定		四川高等法院	19490515	19490515	1		裁定书	20—20	上字第2341号
四川省大邑县法院民事案件	002—004—0009—0016	002	004	1949	0007	0016	四川高等法院关于函请新津县司法处送达当事人裁定书并相应签收送达证书的公函		四川高等法院	19490707	19490707	1	四川新津县司法处	公函	21—21	
四川省大邑县法院民事案件	002—004—0009—0017	002	004	1949	0007	0017	四川新津县司法处关于既已送达裁定书并相应签收送达证书的公函		四川新津县司法处	19490811	19490811	1	四川高等法院	公函	22—22	民丑字第6686号

全宗名称	档号	全宗号	目录号	年度	案卷号	顺序号	文件题名	责任人	责任者	起始时间	终止时间	页数	受文者	文种	起止页码	文号
四川省大邑县法院民事案件	002－004－0009－0018	002	004	1949	0007	0018	新津县司法处彭锡三缴纳缮状费代用司法印纸联单		四川新津县司法处	19490108	19490108	2		收据	23－24	
四川省大邑县法院民事案件	002－004－0009－0019	002	004	1949	0007	0019	四川新津县司法处关于彭锡三上诉案缴纳裁判费的民事裁定		四川新津县司法处	19490108	19490108	1		裁定	25－25	
四川省大邑县法院民事案件	002－004－0009－0020	002	004	1949	0007	0020	新津县司法处彭禹之、彭锡三上诉状副本送达证书		四川新津县司法处	19490108	19490108	2		送达证书	26－27	
四川省大邑县法院民事案件	002－004－0009－0021	002	004	1949	0007	0021	彭锡三等人民事缴状	具状人彭锡三等人		19490123	19490123	3		缴状	28－30	
四川省大邑县法院民事案件	002－004－0009－0022	002	004	1949	0007	0022	四川高等法院彭锡三诉彭禹之排除侵害上诉案件审理单		四川高等法院	19490409	19490409	1		审理单	31－31	
四川省大邑县法院民事案件	002－004－0009－0023	002	004	1949	0007	0023	四川高等法院民事第二庭函请新津县司法处送达传票并检送送达回证		四川高等法院	19490302	19490302	1	四川新津县司法处	公函	32－32	民丑字第1757号
四川省大邑县法院民事案件	002－004－0009－0024	002	004	1949	0007	0024	四川新津县司法处既已送达传票并相应签收送达证书的公函		四川新津县司法处	19490314	19490314	1	四川高等法院	公函	33－33	民字第61号
四川省大邑县法院民事案件	002－004－0009－0025	002	004	1949	0007	0025	四川高等法院彭锡三、彭禹之传票送达证书		四川高等法院	19490228	19490228	2		送达证书	34－35	

全宗名称	档号	全宗号	目录号	年度	案卷号	顺序号	文件题名	责任人	责任者	起始时间	终止时间	页数	受文者	文种	起止页码	文号
四川省大邑县法院民事案件	002—004—0009—0026	002	004	1949	0007	0026	彭禹之委任律师高凌为代理人民事委任状	具状人彭禹之		19490407	19490407	2	四川高等法院民事庭	委任状	36—37	
四川省大邑县法院民事案件	002—004—0009—0027	002	004	1949	0007	0027	四川高等法院彭锡三等人委任律师为诉讼代理人的民事委任状	具状人彭锡三		19490409	19490409	2	四川高等法院民事庭	委任状	38—39	
四川省大邑县法院民事案件	002—004—0009—0028	002	004	1949	0007	0028	四川高等法院民二庭彭锡三、彭禹之排除侵害案件民事点名单		四川高等法院	19490409	19490409	2		点名单	40—41	
四川省大邑县法院民事案件	002—004—0009—0029	002	004	1949	0007	0029	四川高等法院彭禹之、彭锡三排除侵害案件民事辩论笔录		四川高等法院	19490409	19490409	2		笔录	42—43	
四川省大邑县法院民事案件	002—005—0001—0001	002	005	1949	0001	0001	声明上诉状			19490000	19490000	1	四川高等法院	上诉状	1—1	
四川省大邑县法院民事案件	002—005—0001—0002	002	005	1949	0001	0002	杨茂和诉沈质宾民事上诉状			19490418	19490418	1	四川高等法院	上诉状	2—2	
四川省大邑县法院民事案件	002—005—0001—0003	002	005	1949	0001	0003	周刘氏诉谭氏民事答辩状	具状人周刘氏		19490228	19490228	1	四川高等法院	答辩状	3—3	
四川省大邑县法院民事案件	002—005—0001—0004	002	005	1949	0001	0004	关于烟毒案件的案卷材料			19491202	19491202	3		材料	4—6	

全宗名称	档号	全宗号	目录号	年度	案卷号	顺序号	文件题名	责任人	责任者	起始时间	终止时间	页数	受文者	文种	起止页码	文号
四川省大邑县法院民事案件	002—004—0009—0024	002	004	1949	0007	0024	四川新津县司法处既已送达传票并相应签收送达证书的公函		四川新津县司法处	19490314	19490314	1	四川高等法院	公函	33—33	民字第61号
四川省大邑县法院民事案件	002—004—0009—0025	002	004	1949	0007	0025	四川高等法院彭锡三、彭禹之传票送达证书		四川高等法院	19490228	19490228	2		送达证书	34—35	
四川省大邑县法院民事案件	002—004—0009—0026	002	004	1949	0007	0026	彭禹之委任律师高凌为代理人民事委任状	具状人彭禹之		19490407	19490407	2	四川高等法院民事庭	委任状	36—37	
四川省大邑县法院民事案件	002—004—0009—0027	002	004	1949	0007	0027	四川高等法院彭锡三等人委任律师为诉讼代理人的民事委任状	具状人彭锡三		19490409	19490409	2	四川高等法院民事庭	委任状	38—39	
四川省大邑县法院民事案件	002—004—0009—0028	002	004	1949	0007	0028	四川高等法院民二庭彭锡三、彭禹之排除侵害案件民事点名单		四川高等法院	19490409	19490409	2		点名单	40—41	
四川省大邑县法院民事案件	002—004—0009—0029	002	004	1949	0007	0029	四川高等法院彭禹之、彭锡三排除侵害案件民事辩论笔录		四川高等法院	19490409	19490409	2		笔录	42—43	
四川省大邑县法院民事案件	002—005—0001—0001	002	005	1949	0001	0001	声明上诉状			19490000	19490000	1	四川高等法院	上诉状	1—1	
四川省大邑县法院民事案件	002—005—0001—0002	002	005	1949	0001	0002	杨茂和诉沈质宾民事上诉状			19490418	19490418	1	四川高等法院	上诉状	2—2	
四川省大邑县法院民事案件	002—005—0001—0003	002	005	1949	0001	0003	周刘氏诉谭氏民事答辩状	具状人周刘氏		19490228	19490228	1	四川高等法院	答辩状	3—3	
四川省大邑县法院民事案件	002—005—0001—0004	002	005	1949	0001	0004	关于烟毒案件的案卷材料			19491202	19491202	3		材料	4—6	

后 记

2018年5月，经里赞教授介绍，始与大邑县人民法院所藏民国司法档案整理与研究工作结缘。时光总如白驹过隙，如今该项工作的阶段性成果已将付梓，三年来的工作点滴浮现眼前，每每忆及，颇多感慨。

首先是因缘际会，促成了本书的面世。一则，大邑县人民法院有幸保藏了该批司法档案。由于新中国成立后行政区划调整及各种历史原因，民国新津县司法处部分档案存留于大邑县人民法院；而大邑县人民法院领导班子历来重视司法文化的挖掘和研究，且一直有意于司法档案的整理和编研。在笔者目力范围内，由基层人民法院牵头，从挖掘整理司法文化的角度编研民国司法档案，大邑法院在全国尚属首例。二则，四川大学倾力于档案史料挖掘整理工作之传统更是其来有自，有柯建中、冉光荣等老先生整理研究清代巴县档案于先，惠泽国际汉学界；二十世纪九十年代以来，又有里赞、陈廷湘等教授整理研究荣县、南溪县、新繁县等各处川省民国档案于后，领法律史学研究之风气。二者的奇妙相遇，成为本书出版的殊胜因缘。

在法律史学视域内，民国基层司法文化的深入研究仍需“史料的不断扩充”；但档案资料编研成果的呈现形式，则更多取决于传世档案自身的特征。譬如，有些地方档案存世量以上万卷计，其编研成果多为档案目录或以特定主题档案的选编为主，研究者受人力物力之限难以进一步细化，读者更难通过一本书了解该处档案全貌；亦有珍稀司法文书，因其数量极少则多全文点校，却又因篇幅精悍难以成册。大邑县人民法院所藏民国司法档案体量适中，使得编研成果能够以卷内目录的方式呈现。参鉴中国第二历史档案馆关于民国档案整理的基本要求，本书主要涵盖卷内每一份文件的全宗名称、档案号、顺序号、起讫时间、责任人、文件题名、页数、受文者、文种等相关信息，为读者了解该批档案的全貌、开展进一步学术研究以及今后调阅档案原件，提供了科学可靠的依凭。也正因为体量适中，对该批司法档案的数字化整理全部采用数字化高清扫描的形式进行，以期最大限度存留档案的历史信息。当然，以卷内提要形式呈现编研成果在民国司法档案整理和研究领域虽然尚不多见，但并非编研工作者的“创新”。在中国文史传统中，编修乃至阅读提要实乃一窥资料全貌之捷径。昔年钱基博教导钱锺书，有难读四库全文亦至少要读四库提要之语。司法档案卷内目录提要之出版，绝不敢自比四库提要，但亦是一种呈现方式的有益尝试，也使国内民国司法档案编研多一种成果形式。

从内容上看，大邑县人民法院所藏民国司法档案涵盖民刑两大类，主要是民国中后期地方司法实践的真实写照。基层司法的真实样态以其生动性和实践性，无论对法律实务部门还是法律史研修者，都极具启示意义。譬如，1946年邓银章诉黄丙臣返还房屋案（参见本书第1页以下），在程序上就涵摄了县司法处到省高等法院甚至最高法院的所有审级，亦有律师参与其中，其时民事诉讼程序可借之一窥；又如，1947年王钟灵诉张子封欠租案卷中（参见本书第18页以下），存有1961年新中国成立后刘文全向大邑县人民法院提交的申请书一份（参见本书第22页），二者之间究竟是何关系，因文献不足征，暂不可考，出于对档案原貌的尊重本书仍予存留；但申请书煞尾用语“申请人民法院具体处理，实沾德便为荷”更多是民国时期“代书”的惯用体例，由此可见基层法律史某种“延续”的倾向，亦可作为“政治史与法律史不尽然同步”的旁证。毋庸置疑，该批档案材料得堪解读玩味之处远不止上述两例，留待读者朋友见仁见智。由于篇幅所限，本书全面展示了大邑县人民法院所藏民国司法档案的民事部分，刑事部分（更多涉及民国晚期烟毒案件）的出版工作暂且留待他日。所幸，刑事部分的案卷数字化业已完成，档案信息已免岁月侵蚀和蠹虫撕咬之虞；档案原件也选取了有价值部分完成了修复，大邑县人民法院司法文化陈列室将轮换展出，有心人必能一探芳踪。

三年来，得益于大邑县人民法院余涛院长及其他院领导的大力支持，得益于四川大学法学院里赞教授的悉心指导，得益于四川省档案馆冯吉、赵丽萍、谢佩佩对档案修复工作的帮助和付出，亦得益于西南政法大学刘熠副教授的无私襄助，档案整理工作得以顺利完成。史料编研工作烦难细致，幸有四川大学学报编辑部刘楷悦老师，四川大学法学院博士研究生李诗语、毛春雨、刘子璇及硕士研究生于韬来、李正则、黄静等辛劳付出，特别是四川大学出版社编辑王冰老师，做了大量耐心细致的工作，本书才能最终面世。在此特致谢忱，并为侧记。

王有粮

2021 年 5 月